みるみる子どもが変化する
『プロ教師が使いこなす指導技術』

谷 和樹

はじめに

　みるみる子どもが変化するような授業の腕を身につけるためには、勉強するしかない。
　私にとって一番効果があった教師修業法はこれだった。

向山洋一氏の文章を読み込むこと

　上達の原動力は「憧れ」である。早く上達したかったら、つまみ食いをしないほうがいい。一人の人をひたすら追いかけ続けることだ。
　読み込むといっても、その方法にはいくつかの種類がある。

　第一の読み込み方は「向山氏の文章だけ」を読むということである。
　私は定期購読していた雑誌が届くと、目次を見て、向山氏の文章だけを読んだ。
　それ以外の文章は意図的に目に入れなかった。
　それ以外の文章を読むと「濁る」感じがしたのである。
　単行本も向山氏のものしか読まなかった。
　セミナーに参加しても向山氏が配布した資料以外のものは保存しなかった。
　この修業法は30代前後から2〜3年続いた。
　この後である。私にとって最も成長を自覚できた最初の感覚が訪れたのだ。

　第二の読み込み方は「時系列」である。
　第一の作業のすこし後になって、私は向山氏の文章をもっと生々しく読みたくなった。
　とりわけ単行本や全集に含まれている文章である。これらはその多くが、もとは雑誌原稿であった。それが編集されて単行本の形になっているのである。
　私は向山氏の文章を「その時期の息づかい」の中で読みたかった。
　近くの教育研究所の図書館に行き、1960年代からのすべての雑誌のバックナンバーに目を通していった。
　目次に「向山洋一」という名前があるとすべて読み、知らない文章は片端からコピーしていった。この方法も効果的であった。

第三の読み込み方は「読む時期を変える」ことである。
　向山氏の文章は極めて分かりやすく書かれているので、若くて経験の浅い人でも「分かったつもり」になる。私もそうだった。
　しかし、書かれている内容は奥深い。
　文章に書かれていることの分かり方は、読む側の力量に規定されるのである。
　『授業の腕を上げる法則』も何度読んだかわからないが、今でも新しい部分に線が入る。新しい発見がある。まだまだ自分は未熟なのだなとその度に思う。向山氏の本は少なくとも10回は読むことが必要だ。

　第四の読み込み方は「目的意識」を持って読むということである。
　「仕事に追われて読む」というほうが正確な実感に近いかも知れない。
　一番いいのは「TOSSデー」などのセミナー講師を引き受けることだ。雑誌原稿やサークル冊子の原稿を書く仕事でもいい。
　自分の全く知らない分野、一番苦手だと思える分野の講師依頼や原稿依頼が来たときがチャンスである。喜んですぐに引き受けるといい。
　私の場合は、その仕事の答えは、必ず、間違いなく、向山氏の本の中に書かれていた。それを探す作業の中で、また向山氏の本を読み込むのである。繰り返し読んだはずの本の中に「宝の山」が眠っていたことに気づいたことが何度もある。
　そして、さらにセミナーなどのライブで学び、検定を受けて恥をかき、そして校内の仕事に全力を尽くすことだ。

　このようにすると、視野の狭い勉強になってしまうだろうか。
　事実は逆である。
　私は、様々な分野の勉強をし、いろいろな経験を通ることができた。
　本書は、そのようにして学んできたことの一端をまとめたものである。
　発達障がいの理解と対応、国語や算数、社会科の授業のポイント、教師の授業力を上げるための具体的なポイントなどを、できるだけ詳しく紹介した。

　本書を刊行するにあたっては、向山洋一先生から数多くのご示唆をいただきました。学芸みらい社の青木様からも多くの貴重なアドバイスと励ましをいただきました。あらためて感謝申し上げます。ありがとうございました。

谷　和樹

目次

はじめに -- 2

第1章 発達障がいの子どもを含めた一斉授業の原則 ------------------ 9

1 すべての教師はこれまでの自分の指導法を根本的に点検し、謙虚に学ばなければならない ------ 10
　(1)『発達障がい児本人の訴え』-- 10
　(2)「文章に書いていないこと」はわからない ----------------------------- 11
　(3)「きちんと意味がわかること」は納得する --------------------------- 12
2 状況を設定し、具体的に教え、ほめること ------------------------------- 13
　(1)「龍馬君」にかかわってきた教師たちは犯罪的である ----------- 13
　(2)「うるさい」とはどういうことか定義せよ ----------------------------- 14
　(3) 具体的に「教え」、そして力強く「ほめる」 ----------------------- 15
3 健常児との比較のなかで、どのように評価を配慮するか ---------- 16
　(1)「関心・意欲・態度」にCはつけない --------------------------------- 16
　(2) オールCもつけない --- 18
4 『授業の腕をあげる法則』による、発達障がいの子どもたちに効果がある指導の原理 -- 19
　(1) 原則1　まず「その子の価値判断基準」を理解し、認めてやること -------------- 19
　(2) 原則2　その上で、「教えてほめる」こと ----------------------- 20
　(3) 原則3　ハッキリと行動の仕方とその理由を教えてやること ------ 20
　(4)『授業の腕をあげる法則』を読み込むこと ----------------------- 21
5 「自己肯定感」と「自尊感情」この二つを、教室の子どもたち全員が持つこと -------- 21
　(1) セルフエスティームを保障する --------------------------------------- 21
　(2)「授業開始のあいさつ」は有害な場合がある ------------------- 22
　(3) 登場人物の気持ちはわからない ------------------------------------- 23
　(4) まずほめる。次にうまくいかなかった部分について一つだけ指摘する ------------ 24
6 子どもの「視知覚認知」を理解することが急務である ------------- 24
　(1) 視知覚認知とは何か --- 24
　(2)「見え方」を意識している教師はほとんどいない ----------------- 25
　(3) 視知覚認知の問題を発見する視点をもつこと --------------------- 26
7 「視覚映像優位・色優位・3D認知」と「聴覚言語優位・線優位・2D認知」を理解する --- 28
　(1)「視覚優位」と「聴覚優位」の子どもたちに対する理解 ------ 28
　(2) 三次元の視覚認知に障がいのある子 ------------------------------- 29
8 大切な考え方は一方的に注入してよい。ただし「一級の教材」を取り入れること ----- 30
　(1) 自分の道徳的実践力は何によって身についたのか ------------- 30
　(2)「一級の資料」を与え、「下手な発問」はしない ----------------- 31
　(3)「負けを認める」ことを促す教材を ----------------------------------- 32
9 最先端IT機器を活用し、発達障がいの子どもたちに対応する授業の研究を --------- 33
　(1) 自閉症の子どもたちの表現ツールとしてのスケッチアップの可能性 ------------ 33
　(2) 子ども用スケッチアップテキストの活用を ------------------------- 34
　(3) スマートボードを活用した「提示型」と「参加型」の授業場面 ---------- 34
　(4) ワーキングメモリを鍛えるTOSSの教材と指導法 ----------------- 35
10 自閉症の子を根底から変化させた「五色百人一首」のもつ魔法の力 ----------- 35
　(1) アスペルガーの子に「五色百人一首」を導入する ------------- 35

- (2) 向山型の最初の指導場面を忠実にトレースする ---- 36
- (3) 子どもの目線の動きをみて札を読む ---- 36
- (4) アスペルガーの子が変化した瞬間 ---- 37

11 奇跡の教育実践『ふれあい囲碁』を全国の教室で実践しよう ---- 38
- (1) 安田泰敏氏の奇跡の実践『ふれあい囲碁』 ---- 38
- (2) 簡単なルールとスピーディーな展開 ---- 38
- (3) 全国にひろがる実践事例 ---- 39

第2章 誰もがわかりやすい国語授業の原則 ---- 41

1 指導場面が具体的にイメージできる年間計画をつくれ ---- 42
- (1) 基礎基本の学力を確実に子どもたちに習得させるための指導 ---- 42
- (2) 伝統的な言語文化や各種の言語事項を学習させるための指導 ---- 42
- (3) 文章を書く力の指導 ---- 43
- (4) 「文章を分析するためのものさし」の指導 ---- 44
- (5) 「読書の習慣」をつけるための指導 ---- 44

2 向山洋一氏の学級通信から実践を書き写し、整理し、その思想を学ぶこと ---- 44
- (1) 向山氏の国語実践をすべてピックアップする ---- 44
- (2) 『アチャラ』に出てくる漢字指導 ---- 44
- (3) 『アチャラ』に出てくる「言葉」や「言語技術」の指導 ---- 45
- (4) 『アチャラ』に出てくる分析批評の指導 ---- 46

3 子どもが熱中する「問い方」に変換せよ ---- 47
- (1) 斎藤喜博の『学校づくりの記』に出てくる詩 ---- 47
- (2) 斎藤喜博の指導 ---- 48
- (3) 向山洋一氏の指導 ---- 49

4 論理的思考を促す向山型作文指導の基本原理「1％の形式と99％の自由」 ---- 50
- (1) 一文が短いこと ---- 50
- (2) 事実のみを書くこと ---- 51
- (3) 基本となる思想 ---- 52

5 子どもがどんどん「話す」向山型スピーチ指導とは ---- 52
- (1) 描写的に語れ ---- 52
- (2) 一般化するなら最後にせよ ---- 53
- (3) 前置きをするな ---- 53
- (4) 自分のことを語れ ---- 53
- (5) 一つだけ言え ---- 54
- (6) 短く言え ---- 54
- (7) モノを準備せよ ---- 54
- (8) 場数をふめ ---- 54
- (9) F表をクリアせよ ---- 55

6 たった一文字にこだわらせ、言葉の面白さを楽しく教える授業例 ---- 55
- (1) 教科書どおりに教える導入 ---- 55
- (2) 言葉の面白さを取り上げ、「作業指示」によって組み立てる ---- 56
- (3) 言葉の検討をいざなう発問をする ---- 57

7 『話す・聞く』スキルの方法で子どもたちが熱中する授業例 ---- 58

8 教材の持つ力に、指導技術、指導技量、そしてシステムを加える ---- 60

（1）詩文を暗唱させる場面 ……………………………………………… 60
　　　（2）教材の強さだけでは授業にならない ………………………………… 61
　9　表現力を高めるために「子どもたちを変化させる」手立て …………… 63
　　　（1）グループで活動させる場合の基本的な指導 ………………………… 63
　　　（2）活動のゴールを明確にする …………………………………………… 63
　　　（3）どこまでできたら教師のチェックを受けるのかを明確にする …… 64
　　　（4）何時になったら活動を中断するのか明確にする …………………… 64
　　　（5）全員を個別にほめる手立てを明確にする …………………………… 65

第3章　どの子も熱中する算数授業の基礎・基本 …………………… 67

　1　教室に歓声があがる、自己肯定感を高める算数授業 …………………… 68
　　　（1）向山型算数の授業は教室に歓声があがる …………………………… 68
　　　（2）4年生に向山氏が教えた最初の算数の授業 ………………………… 68
　　　（3）向山氏の瞬時の組み立てと対応 ……………………………………… 69
　2　4月に優先で身につけさせる。「写す」と「×」の二つの学習習慣 …… 71
　　　（1）写すのもお勉強 ………………………………………………………… 71
　　　（2）間違えたら×をつける ………………………………………………… 72
　　　（3）赤鉛筆・ミニ定規など ………………………………………………… 73
　3　"授業開き"プロは教科書をこう使う …………………………………… 74
　　　（1）学習の方法を教える …………………………………………………… 74
　　　（2）知的な授業で逆転現象を ……………………………………………… 76
　4　「見えないものを見えるようにする」向山型ノート指導の特徴 ……… 77
　　　（1）向山型で指導されたノートの8つの特徴 …………………………… 77
　　　（2）「見えないものを見えるようにする」ノート ……………………… 79
　5　「算数の言語力・表現力」向山実践から「基本概念」指導のコツを学ぶ … 80
　　　（1）「算数の言語力・表現力」を鍛えるポイント ……………………… 80
　　　（2）向山氏の4つの指導場面から「コツ」を抽出する ………………… 81
　6　ノートをきちんと書けない子。プロは最初の指導から違う …………… 83
　　　（1）向山氏の「ページと日付」の書き方を教える指導 ………………… 83
　　　（2）点ではなく線で指導する ……………………………………………… 85
　7　「指導の言葉を削る」とはどのようなことか …………………………… 86
　　　（1）「九割削れ」 …………………………………………………………… 86
　　　（2）プロが「無意識に」クリアしている五つの基本事項とは ………… 87
　8　子どもたちの認知パターンを網羅している向山氏の指示とは ………… 89
　　　（1）人が情報を処理する時の脳の働きに沿っている指示 ……………… 89
　　　（2）情報処理の仕方には二つある ………………………………………… 89
　　　（3）2D優位と3D優位 …………………………………………………… 90
　　　（4）向山氏の指示の出し方 ………………………………………………… 91

第4章　深い教材研究に支えられた社会科授業のエキス …………… 93

　1　歴史の見方・考え方〜子どもが、日本の歴史を好きになるような教材研究を … 94
　　　（1）江戸幕府の優れた外交力 ……………………………………………… 94
　　　（2）授業には骨格が必要だ ………………………………………………… 95
　　　（3）なぜ開戦を回避できなかったのか …………………………………… 96

2 向山学級の歴史学習　3つのポイント············98
3 「時事問題」を大きな枠組みの中でとらえる　インフレとデフレの授業············99
4 もっと「日本のことを知らせる」授業が必要である············102
　(1) 「日本史」ではなく「国史」である············102
　(2) 民族の神話を学ばなかった民族は滅びる············102
　(3) 愛国心は教育できない············103
　(4) 天皇のことを教えられていない············103
5 「尖閣諸島」問題をこう授業する············104
　(1) 先占を教える············105
　(2) 条約を教える············105
6 プロ教師の学習問題づくり　「水」の単元での展開例············106
7 子どもの討論　向山学級と築地学級の違いを分析する············109
　(1) 教師の発言············109
　(2) 向山氏の問題意識············110
　(3) どこまでも伸びやかなムード············112
　(4) 教師の強い指導を伺わせる痕跡············114
8 地図をめぐる不思議エピソード～男子脳と女子脳の空間認識············116

第5章　教師力をあげるためにこれだけは知っておきたいこと············117

1 いま求められる「教師力」～やってみせろ。証拠を出せ。学び続けろ。············118
　(1) おまえがやってみせろ············118
　(2) つべこべ言うな。証拠を出せ············119
　(3) 最新の知見・動向に学び続けろ············119
2 教育基本法の「教員の養成」を実質的に効力のあるものにする············120
　(1) たった1分の模擬授業で力はつくのか············120
　(2) 教員の専門的な知識・技能とはなにか············120
　(3) 教員の資質を上げる基本的なポイントとは············121
3 「基礎学力論争」の見取り図から、今必要なことを考える············122
　(1) 一回目の論争············122
　(2) 二回目の論争············123
　(3) 三回目の論争············123
　(4) 発達障がいの子どもたちの自立までを見据えること············124
4 教師の統率力。五つの力が欠如している············125
5 「知的な授業」で学級を統率する············127
　(1) 著作を繰り返し読むこと············127
　(2) 中心的な努力をどこに置くか············128
　(3) 最重要なのは知的な授業············129
6 知識の力、組立の力、対応の力。この三つが授業での統率力の根本············130
　(1) 知識の力············130
　(2) 組立の力············132
　(3) 対応の力············133
7 学習習慣の確立が子どもを伸ばす············133
　(1) 宿題は学習習慣をつくるため············133
　(2) 記憶のしくみを教える············134

(3) 日内リズムを安定させる ……………………………………………… 134
　8　「局面の限定」の原理を学び、使いこなせ …………………………………… 135
　　　(1) 局面の限定を知って授業は激変する ………………………………… 135
　　　(2) 『平和のとりでを築く』での例 ……………………………………… 135
　　　(3) 向山氏の音読の授業 …………………………………………………… 137
　　　(4) 「局面の限定」はあらゆるプロの基本 ……………………………… 138
　9　「全員を巻き込め」「問いに正対させよ」 ……………………………………… 139
　　　(1) 全員を巻き込むとは …………………………………………………… 139
　　　(2) 問いに正対させる ……………………………………………………… 142
　10　飛び込み授業の導入で子どもたちを変化させた「その場での対応方法」とは ……… 144
　　　(1) 集団の教育力 …………………………………………………………… 144
　　　(2) その場での対応 ………………………………………………………… 146
　11　マイナス発言が続出するクラスで学習意欲の引き出し方 ………………… 148
　12　授業の中での「対話」を核にした子どもの「心」へのアプローチ ……… 150
　　　(1) 授業の中での対話 ……………………………………………………… 150
　　　(2) 休み時間の対話 ………………………………………………………… 151

第6章　学級の荒れを克服するためにこれだけは知っておきたいこと …153

　1　子どもの名前を覚えることの意味と深さを再度確認しよう ……………… 154
　　　(1) 完全に覚える …………………………………………………………… 154
　　　(2) 兄弟・姉妹も覚える …………………………………………………… 154
　　　(3) いないところでほめる ………………………………………………… 155
　2　学級をまとめるために有効な「ツール」を使いこなそう ………………… 155
　3　教師としての基本的な勉強──ワーキングメモリのしくみ── …………… 156
　　　(1) ワーキングメモリとは何か …………………………………………… 156
　　　(2) ワーキングメモリに配慮した教師の対応 …………………………… 157
　4　教師の基本的な対応力──何を言っても受け入れてもらえる── ………… 158
　　　(1) 想定外の子どもの答え ………………………………………………… 158
　　　(2) 間違った子へのその場での対応 ……………………………………… 169
　5　子どもたちのマイナス発言をプラスに転化する …………………………… 159
　6　笑顔と穏やかな対応が大人のゆとり感を生む ……………………………… 161
　7　「発問」と「作業指示」をセットにする ……………………………………… 163
　　　(1) 授業の中での教師の「説明」は、少なければ少ないほどよい …… 163
　　　(2) 作業指示とセットにする ……………………………………………… 163
　　　(3) スピード感を身につける ……………………………………………… 164
　8　教師の発言・指示の言葉は、明確な上にも明確に …………………………… 165
　9　個別評定をしながら学習のルールや技能を教える ………………………… 167
　10　「子どもを活動させる場面」での基本技能 ………………………………… 169
　　　(1) 教師の指示と子どもの活動はどのように組み立てるのか ………… 169
　　　(2) 子どもに長く活動させる場合の原則 ………………………………… 170
　11　授業技量を上達させる二つの方法 …………………………………………… 171

付録　谷和樹が推薦する「向山実践」を学びたい人のための初心者用「向山洋一著作リスト」……173

第1章

発達障がいの子どもを含めた一斉授業の原則

1 すべての教師はこれまでの自分の指導法を根本的に点検し、謙虚に学ばなければならない

とにかく困っている。
発達障がいの子は一番困っているのだ。
何に困っているのかというと、その代表はこれだ。

```
1  算数の問題解決学習
2  国語の単元学習
```

（１）『発達障がい児本人の訴え』

発達障がいの子ども本人が書いた本がある。『発達障がい児本人の訴え』（東京教育技術研究所）である。

小学校６年の発達障がいをもつ児童が「夏休みの宿題」で、自分の体験を 50 ページほどのレポートにまとめた冊子だ。

これを書いた龍馬君（仮名）は言う。

```
「自分で考えなさい。」とか
「自由にやりなさい。」とか
「自主性に任せている。」とか
言わないでほしいです。
```

上の３つの言葉は、発達障がいの子どもたちにとって残酷な言葉である。「自分で考える」とはどのようなことか、全く想像のしようもないからだ。

その残酷なことを日常的にやらせているのが、算数の問題解決学習である。
教えない。教科書もしまわせて見せない。
「一人で考えなさい」と突き放す。
発達障がいの子は算数の能力が低いのではない。
「自分で考える」という行為の意味がわからないから、途方にくれているのだ。
それで、ぽーっとすることになる。教師はそれを叱る。
これではだめだ。教科書の例題でやり方を教え、ほめる。同じやり方でできる類題をやらせ、またほめる。

これを繰り返すから、できるようになるのである。
「教えてほめる」ことが基本なのだ。
問題解決学習の流れで「グループで考えなさい」とやったら、もっと大変なことになる。

> グループ学習は大変です。
> さっぱり分かりません。

それはそうだ。きちんとした解き方を教えられないままに、みんながそれぞれにいろいろなことを言うのだから、混乱する。

> なにをしたらいいか分かりません。協力・相談ということは、一番辛いことです。いろんな人がいるので、どうしたらいいか分かりません。

こんなに辛いことを、強要しているわけだ。
グループで相談させるのであれば、少なくともあらかじめそれぞれの考えがノートに書かれていなければならない。その上で、次のように具体的に指示する。

> 1　自分の書いた意見を班の中で発表して、他の人の意見も聞きなさい。
> 2　参考になる意見があったら、自分のノートに書きなさい。

龍馬君は次のように訴えている。

> 具体的な手順や役割をあらかじめ指示してもらいたい。それだけでずいぶん参加しやすいです。

(2)「文章に書いていないこと」はわからない

アスペルガー症候群の特徴は「人の立場になって物事を考えることが苦手」ということである。
これが対人関係の難しさになる。
国語の時間。この子たちに、登場人物や作者の「気持ち」を問うことがどれほど残酷なことかわかるだろう。
それは、最も苦手なことなのだ。

「どんな感じですか？」
「どんな様子ですか？」
「どう思いますか？」
これは全部龍馬君が「イライラしてくる」と書いている言葉だ。
こんなことを聞かれた発達障がいの子たちは、一番困っているのである。

> 僕の頭の中は、意味がわからずチンプンカンプンになる。何も思い浮かばない。頭が真っ白状態。

上のような「文章に書いていないこと」は「わからない」のだ。
分析批評の授業が、発達障がいの子どもたちにも受け入れられ、教室が熱中し、活発に意見が出るのは、「文章に書いてあること」を根拠にするからである。
発達障がいの子たちにとって分かりやすいのだ。

（3）「きちんと意味がわかること」は納得する

「きちんと意味がわかること」なら発達障がいの子たちも納得する。正確に理解するし、正確に動ける。このことに、向山洋一氏は30年近く前から言及していた。

> 「叱るまえに結論だけ言って育てられた子と、理由も言って育てられた子では、知能の発達がすごく違う」という話を思い出した。理由も言われた方が発達するのである。（『学級通信アチャラ』No.22）

今、龍馬君も同じこと言う。

> 『待つこと』は一番大変です。
> 目的がはっきり分かっているときだけ、動かなくてすみます。

理由が明確に述べられれば、行動できるのである。
しかし、多くの学校では「多動」の龍馬君を頭ごなしに叱るだけだ。このことの悲しさを龍馬君の次の言葉が突きつけている。

> でも実際は、学校では絶対無理なことです。

すべての教師はこれまでの自分の指導法を根本的に点検し、謙虚に学ばなければだめだ。

2 状況を設定し、具体的に教え、ほめること

最も重要な原則は「教えてほめる」ことである。
教えると言っても一般的な教え方ではわからない。
個々の状況に応じて、具体的に教えることが必要だ。

(1)「龍馬君」にかかわってきた教師たちは犯罪的である

『発達障がい児本人の訴え～龍馬くんの6年間』の11ページ。「6年間の実例」の冒頭に出てくるのがこれだ。

> いつも「うるさい」と言われる。

小学校の6年間、龍馬君はずっと苦しみ続けた。みんなにわかってもらえなかったから、先生方には伝えようと思った。
そう思って書いた「実例」の、その最初が、「いつも『うるさい』と言われる」なのだ。
この意味は重大だ。
第一に、「いつも」と書いている点だ。
要するに、ほとんど毎日のように、周りの人に「うるさい」と思われていたのだろう。
そして、教室にいたはずの教師は、そのことに対する手だてを持っていなかった。
第二に、龍馬君が続けて書いている次の文だ。

> 「うるさい」からきらわれた。相手にされない。

みんなに嫌われ続けた原因は「うるさい」からだ。龍馬君はそう思っている。
そして、教室にいたはずの教師は、そのことに対する手だてを持っていなかった。
第三に、「うるさい」ときの龍馬君は、おそらく本人にはその自覚がない。

みんなに「うるさい」と言われてから、初めて自分がうるさかったことに気がつくのだと推定できる。それを、毎回毎回、6年間、ずっと繰り返してきたのだ。
　そして、やはり教室にいたはずの教師は、そのことに対する手だてを、誰一人として、持っていなかった。
　これは明確に教師の責任である。
　誤解をおそれずにあえてハッキリ言う。このことだけを取り上げても、龍馬君にかかわってきた教師たちは犯罪的である。

> これがADHDだからどうにもならないでいる。

　このように書いて、龍馬君はこのページを締めくくっている。教師の無知無策が招いた、あまりにも悲しい結論だ。

(2)「うるさい」とはどういうことか定義せよ

　それではどうすればよかったのか。
　少なくとも、教師は龍馬君が「うるさい」ことについて、専門家である医師の意見を聞きにいくべきだった。いくつかの本に目を通し、なぜ発達障がいの子どもたちが「うるさい」のか、その原因を特定する努力をすべきだった。
　例えば国立成育医療研究センターの宮尾益知医師は、次のように言う。

> 「うるさい」とは、どういう状態ですか。先生方は定義していますか。

　どんな時に、どんな状態になると、人は誰かのことを「うるさい」と感じるのか。それを確定していなければ、指導のしようがない。

> ①声が大きい。
> ②話すタイミングが悪い。(こちらがしゃべっているときにしゃべる等)
> ③話すテンポが悪い。
> ④一回に話す長さが長過ぎる。
> ⑤話の内容がおかしい。
> ⑥頻繁に体を動かす。
> ⑦手や足、机などで音を出す。

こうやって特定していくと、人が「うるさい」と感じる場面はたくさんある。
　こうしたことのうち、どれが『龍馬君』の「うるさい」なのか。あるいはいくつかが組み合わさっているのか。
　それを観察し、特定し、その上で対応を考えるのが教師である。

（3）具体的に「教え」、そして力強く「ほめる」

　もう一つ重要な点がある。ここにあげた7つの「うるさい」は、すべて「周囲の状況」によって変化するということだ。

---

①お葬式のとき
②結婚式のとき
③野球場にいるとき
④図書館にいるとき

　それぞれで、「うるさい」と感じる行為は全部違う。
　こうしたことを、状況をみて臨機応変に対応できないのが発達障がいなのだ。
　その場に応じた声の大きさを、一つ一つ丁寧に教える必要がある。
　声が大きすぎるのであれば「レベル10」の声を一番大きい声として設定し、実際にその声を出させて練習させる。
　その上で、

今は授業時間だから、声の大きさを3にしてお話ししてごらん。

のように教えるのだ。
　翔和学園の伊藤先生は、次のような言い方をすることもあるという。

おしい！　もしもここが野球場だったら、今の君の声は正解だ！

　具体的に「教え」、そして力強く「ほめる」ことで、発達障がいの子どもたちの声の出し方も変化してくる。

3 健常児との比較のなかで、どのように評価を配慮するか

　発達障がいの子どもを含めた中で一斉授業を展開する。
　当然「評価」をどうするのかが、重要な問題になるだろう。
　健常児との比較の中での評価はどう考えればいいのか。
　結論から言えば、障がいのない児童生徒に対する評価の在り方と基本的に変わりがない。
　しかし、配慮は必要である。

(1)「関心・意欲・態度」にCはつけない

> 発達障がいの子どもの「関心・意欲・態度」にCはつけない。

　これが基本方針だ。
　○△の評価なら△はつけない。
　3・2・1のような評価なら1はつけない。
　そのような評価をつけても何一つプラスになることはないからだ。
　教師にとっても、保護者にとっても、子どもにとっても、よいことは何もない。
　教師からみて、その子が意欲的でないと感じられたとしても、Cはつけなくていい。
　「だって、授業中の態度も悪いし、提出物も出さないし、どうしてもCをつけざるを得ないじゃないか。」
　というかも知れない。
　それでも、Cだけはつけるべきではない。
　以下、理由を述べる。
　第一に「自尊感情」の問題だ。
　発達障がいの子どもたちの自尊感情はボロボロになっている。
　ほめられた経験がほとんどないからだ。
　これが、この子たちの「将来の自立」にとって、最も深刻な問題なのである。
　「関心・意欲・態度」にCをつけられた子どもが、次の学期から一念発起して意欲が高まるなどということはないと考えていい。
　逆に自尊感情がさらに傷つき、もっと意欲をなくすだけだ。

小学校の現場での評価の根底にあるのは、「序列」をつけることではない。

子どもに評価を伝えることによって、もっとやる気が出て、もっと学習が好きになるようでなければ、意味をなさない。

第二に「関心・意欲・態度」は、教師の指導力の反映だという事実である。

もちろん、それ以外の観点も全部教師の指導力の反映だ。

しかし、とりわけ「関心・意欲・態度」はこの効果がすぐに現れる。

指導力のある教師が教えれば、多くの子どもがみるみるうちに意欲的になる。

発表もするようになる。

提出物も出すようになる。

ところが、関心・意欲・態度の評価で何人もの子どもにCをつける教師がいるという。

クラスの何人もの子どもにCをつけているなら、それは自分に指導力がないと言っているのと同じことである。

「関心・意欲・態度にAをつけすぎだから修正せよ」という教務主任もいるという。

機械的に評価の人数を操作するようなことは本末転倒である。

意欲を引き出すような指導方法を研修し、教師の指導技量をあげることで、発達障がいの子どもたちの学習に対する意欲を高める努力をすべきだ。

その指導の基本原理は明快である。

向山洋一氏は次のように述べている。

> 教えてほめる。

中教審教育課程部会のワーキンググループは、「学習評価の在り方」についての報告案を出した。

そこでも「ほめる」ことは重視されている。

たとえば、次のような表現である。

> ・個人内評価を積極的に活用し児童生徒の学習を励ます
> ・児童生徒の発達の段階等に応じ、励ましていく
> ・児童生徒一人一人のよい点や可能性、進歩の状況等についても、積極的に児童生徒に伝える

(2) オールCもつけない

　以上のことは「知識・理解」等、他の観点の評価でも、基本的な考え方は同じだ。
　しかし、他の観点においては「Cをつけない」というわけにはいかないだろう。
　上のワーキンググループの報告案には次のようにある。

> 障がいのない児童生徒に対する評価の在り方と基本的に変わりがない。

　Cをつけないように配慮しすぎると、評価そのものへの信頼性が揺らぐ。
　障がいの状態等に応じて適切な指導をし、実際にその子の力を伸ばしていくことが必要だ。
　向山型算数の指導法や漢字スキル・計算スキルの指導ユースウェア等は指導の効果が現れやすい。
　このような研修を校内でももっと取り入れるべきである。
　しかし、それでもなお「オールC」にならざるを得ない子もいるだろう。
　教室には様々な子どもがいる。現場には様々な事情がある。教師の指導力をいますぐ飛躍的に高めるのも難しい。
　となりのクラスとの評価が極端に異なるのも確かに問題である。
　それは理解できる。
　それでも、少なくとも次のような内規はつくっておくべきである。

> ・Cは0人であってもかまわない。
> ・オールCの子に対して、担任が必要と考える時は1、2科目の評定通知を変えてもよい。

　向山氏がいた調布大塚小にはこのような内規があった。
　「担任が必要と考える時」であるから、担任の判断でよい。発達障がいの子を視野に入れるのであれば、諸事情を吸収するハンドルの遊びのような部分も作っておくことが必要だ。

4 『授業の腕をあげる法則』による、発達障がいの子どもたちに効果がある指導の原理

どのような指導法が発達障がいの子どもたちに効果があるのか。
その基本的な原理は、すべて『授業の腕をあげる法則』の中に書かれている。
具体的な場面を例に考えてみよう。

（1）原則1　まず「その子の価値判断基準」を理解し、認めてやること

良二君は友達とベランダに出ていた。
先に教室に入った友達が、中からドアに鍵をかけてしまった。
わざとではなかったかもしれない。
でも、良二君は教室に入れない。
ベランダから教室に入るガラスのドアをドンドンとたたいた。
その友達はチラッとこちらを見たけれど、そのまま行ってしまった。
意地悪をしたのかもしれないけれど、気がつかなかっただけかもしれない。
でも、良二君は教室に入れない。
そこで、ドアの隣の窓に植木鉢を投げつけ、ガラスを粉々に叩き割った。
良二君は、窓から教室に入ってきた。
教室にいた子どもたちは大騒ぎである。
そこに、担任のあなたがやってきた。
どう指導するだろうか。

向山洋一氏は次のように述べる。

> 「あなたは駄目です」とは、医師はけっして言ってはならないのと同様、教師は「あなたは駄目です」と言ってはならない。それは教師としての倫理に反する重大な犯罪行為である。

良二君には良二君の理屈がある。
友達が鍵をかけて入れなかったから、ガラスを割ったまでだ。
その価値判断基準に、いったんは共感してやらなければならない。
「鍵を閉められちゃったら割りたくなるよなあ。」

「先生も家に入れなかったとき、ガラスを割りたくなったことあるよ。」

(2) 原則2　その上で、「教えてほめる」こと

向山氏は、先の文に続けて次のように述べる。

> 悪いことは悪いこととして見つめてよい。語ってよいときもある。しかし、それを克服すべき方法を示し、はげまし続けるべきなのだ。それが教師の仕事である。

TOSSの指導法の中核がこれだ。
だから発達障がいの子どもたちは変化する。
医師が驚くほど好転するのである。

(3) 原則3　ハッキリと行動の仕方とその理由を教えてやること

良二君はアスペルガー症候群である。
まず「趣意説明」である。
「大人だってガラスを割りたくなることがある。でも割らない。どうしてかな。」
「割ると、あとで掃除しなきゃならないだろ？　よけい大変だろ？」
「ガラスを直すのにお金がかかるんだ。」
もちろんどんな理由でもかまわない。
大切なのは「ガラスを割らない」という行動の意味を具体的に語るということだ。
これも向山氏の文章にある。

> 自分の行為の意味を理解していてこそ「考え」も「精神」も安定できるわけである。

次に「行動」を教える。
この時、教師は「場面を細分化」できなければならない。
ガラスを割るということは、その子がカッとなってキレてしまうということだ。
気持ちを落ち着けるための間をとらなければならない。落ち着けたとして、次にどうすればいいか、どこへ行けばいいかを考えなければならない。
最初の「落ち着くための間」をさらにまた細分化する。
まずしゃがむ。目をつぶる。深呼吸する。誰かのことを思い出す。他のことを考えてみる……。

これは極めて個別的だ。
その子がキレるのを回避できる方法を、本人と一つずつ話し合っていくのである。
その上で、
「ゆーっくりしゃがめばいいよね。」
「フーッて7秒かけて息をはいてごらん。落ち着く感じがするでしょう？」
このように、場面をイメージできる言葉に変換して教えるのである。
これも向山氏の文章から学んだことの応用である。

> 指導内容を細分化することが必要なのである。つまり、「細分化して、解釈をし、イメージ化せよ」ということである。子どもには文字として与えるより、映像・音楽として与えよということである。

まるで、現在の「視覚映像優位」の子どもの存在を知っていたかのような向山氏の文章である。これが執筆された当時は発達障がいの概念さえなかったのだ。
良二君には、その場で練習させ、できたら笑顔でほめ、はげます。

（4）『授業の腕をあげる法則』を読み込むこと

本稿に引いた向山氏の文章は、実はすべて『授業の腕をあげる法則』にある。
「激励の原則」「趣意説明の原則」「細分化の原則」でそれぞれ解説されている。
重要なことは、すべてこの本に出ている。
読み込み、実践を重ね、また読み込み、技能化した状態。それが「TOSSの指導法」を原理から身につけているということである。TOSSの教師はこのような指導ができるから、医師も驚き、絶賛するのだ。

5 「自己肯定感」と「自尊感情」この二つを、教室の子どもたち全員が持つこと

「心の教育が大切だ」「子どもたちの心を育てよう」といった言葉は美しく優美だが、それだけでは無力である。

（1）セルフエスティームを保障する

教室における「心の教育」の中心は次のことである。

> 「自己肯定感」と「自尊感情」
> この二つを、教室の子どもたち全員が持つこと。

　自己肯定感とは、他者からほめられ、認められることによって育つ感覚である。
　自尊感情とは、自己肯定感を育まれた結果として生じる
「できないことだってあるけど、俺だってそこそこはやれている。」
　という現実的で確かな実感である。無条件に「自分は何でもできる」と思うことではない。
　このような自己肯定感と自尊感情とを育てていないなら、それは「心の教育」とは呼べない。
　「心の教育」が実践されている教室の子どもたちは、自己肯定感が高いはずだ。
　そのためには、どの子もたくさんたくさん、ほめられていなければならない。
　教師からほめられていることはもちろんである。
　子どもたち同士でも
「太郎ちゃんは○○が得意なんだよ。」
　といった認め方がなければならない。
　自尊感情が育っている子どもは、自分で自分の成長を表現できる。
「ぼくは、○○が得意になった。」
「○○ができなかったけど、今は簡単にできる。」
　このような感覚を、教室の全員の子が持っていなければならない。
　しかし、現実はそうなっていない。とりわけ、自己肯定感と自尊感情とが、完膚なきまでにズタズタにされているのが発達障がいの子どもたちである。
　授業技量の低い教師は、子どもたちの間に差別構造をつくり出す。発達障がいに対応する力を持たない教師も、やはり同様の差別構造をつくり出す。
　発達障がいに対する新しい知見や対応を学ばない教師の教室では、どのような「心の教育」も成立しない。

（2）「授業開始のあいさつ」は有害な場合がある

　事例を挙げよう。小学校の授業開始の局面である。
　授業の始めに「授業開始のあいさつ」を、毎時間毎時間、きちんと実施することは、心の教育を進めるために大切なことだろうか。
　授業開始のあいさつを、次のように指導している担任の教師がいるという。

> ①全員がそろうまで待ちなさい。
> ②姿勢の悪い子や、おしゃべりをしている子を、日番さんが注意しなさい。
> ③日番さんが気がつかないときは、互いに注意しあいなさい。

　このような指導は子どもたちの心を育てるどころか、実は、最悪の指導である。
　このクラスのA君。彼はクラスの中で孤立気味である。
　マイペースで自分勝手だと思われている。もちろん授業の開始には遅れてくる。姿勢も悪い。教科書もすぐに出さない。自分が日番のときにも時間通りに戻ってこない。したがって、毎時間の開始に必ず注意されるのは、いつもA君である。
　発達障がいの子どもたちの中には「時間の見通し」を持つことが難しい子がいる。A君はADHD傾向のあるアスペルガー症候群である。彼が時間どおりに行動することが苦手なのは、遂行機能（プランニング）に障がいがあるからだ。本人の責任ではない。
　これを毎時間毎時間、子ども同士で注意させていたらどうなるか。自己肯定感は砕かれる。自尊感情はボロボロになる。子どもたちは「Aはダメなやつだ」と思う。
　この形式的な「授業開始のあいさつ」を強要する管理職や指導主事もいるという。とんでもないことである。
　授業は自然にスッと開始されるほうがよいのだ。

（3）登場人物の気持ちはわからない

　別の事例を挙げよう。国語の時間である。
　次のような発問をする。

> この文章で、作者は何が言いたいのでしょうか。

> このとき、登場人物はどんな気持ちでしょうか。

　このタイプの発問は、一部の高機能自閉症の子どもにとっては残酷である。彼らは人の立場で考えたり、行間を読みとったりすることが非常に苦手だからである。
　そもそも人とのかかわりを持つことを大切だと思っていない場合がある。ある自閉症の子どもは、「まわりの人間はすべて景色と同じだと思っていた」という。景色で

あれば当然「かかわり」をもつ必要はない。

　あるいは「相貌失認」といって、目や口は見えているのに顔全体としては認識していない子もいる。『自閉症だった私へ』を著したドナ・ウィリアムズ氏がそうだった。また「表情失認」といって、笑った顔や怒った顔などの表情が読めない子もいる。翻訳家のニキ・リンコ氏がそうだった。

　このような子たちに「作者の意図」や「登場人物の気持ち」などの推定を、他の児童と同じように強いることは極めて困難である。当然、その子にあった読み取らせ方を、教師は指示できなければならない。「この文章の、この言葉から、このようなことがわかるね。」とハッキリ教え、ノートに書く方法を教え、書いたらほめる。そのようなことを積み重ねていく必要があるのだ。

（4）まずほめる。次にうまくいかなかった部分について一つだけ指摘する

　ここに挙げた事例はほんの一部である。

　指示が終わったとたんに「何するの？」と質問する子。発問が終わる前に出し抜けに答え始めてしまう子。食べ物の好き嫌いが極端な子。自分が死ぬと家族が悲しむということが理解できず、窓から飛び降りようとする子。

　このような子たちは、共通してほめられていない。自尊感情を育てられていない。

　宮尾益知医師は「まずほめる。次にうまくいかなかった部分について一つだけ指摘する。この順番を間違えると症状が悪くなる。」と指摘する。向山洋一氏は「教えて、ほめる」ことが基本だと強調する。

　発達障がいの子どもたちにどのように対応するかを真剣に学ばなければ、どんなに「心の教育」を謳っても無意味である。

6　子どもの「視知覚認知」を理解することが急務である

　ADHDやPDD（広汎性発達障がい）、LD（学習障がい）等、発達障がいの子どもたちには「目の見え方」に問題があるケースが多い。専門家と連携し適切な対応をしていく必要がある。

（1）視知覚認知とは何か

　「視力」ではない。

「視知覚認知」である。

この検査を精密に実施し、適切な対応を教えてくれる病院は、今のところ日本に3カ所しかない。

その一つが浦安の川端眼科である。

「視知覚認知」についての知見を、最初に川端ドクターから伺った時は衝撃的だった。

私たちはただちに川端ドクターと協同で研究会を開始した。

学校では毎年、視力検査をする。

この視力検査で、子どもたちの目の「見え方」がわかると思ったら大間違いである。

第一に、学校の視力検査では「遠くを見る力」のテストしかしない。しかし、学習場面では教科書など「近くを見る」ことが多い。

第二に、学校の視力検査では「片目ずつ」のテストしかしない。「両目」でどう見えているのかというテストはしない。しかし、日常生活では、ふつう両目で見ている。

第三に、学校の視力検査では「止まっているもの」を見るテストしかしない。しかし、日常生活では「動いているもの」を見ることが多い。

つまり学校や、普通の眼科で実施する視力検査で分かることは、極めて限定的なのである。

ところが、学齢期の児童の4人に1人は、「視力」ではなく「視覚」に何らかの問題があることがわかっている。とりわけ発達障がいの子どもたちの多くは、通常とは違う「見え方」をしていることが多い。どのくらいの割合かというと、発達障がいの子どもたちの、ほぼ99％に問題があるという。

小学校や普通の小児科で行われる通常の視力検査で、これらの兆候を見つけるのは、現状では難しいと言わざるを得ない。

当然、学習に支障がある。

読む・書く・計算するなどの学習活動で「見る」ということは非常に重要だ。小学校の授業の75％は「見て学ぶ」ものである。

もちろん、スポーツや野外活動をする上でも、見ることは不可欠の能力だ。

単に「見えればいい」というわけではない。「どのような見え方をしているか」ということを問題にしなければ、この子たちの力をよりよく伸ばすことはできない。

学校では「特別支援教育」が始まっている。しかし、こうした「視知覚認知」についての問題意識は、全くないと言っていい。

(2)「見え方」を意識している教師はほとんどいない

　いまだに「百マス計算」などを実践しているところがあるらしい。
　あれは発達障がいの子どもたちにとっては極めて害の大きい教材である。
　発達障がいの子どもたちには水平と垂直に目を動かす機能に問題がある子が多い。
　算数の能力に問題がない子でも、大混乱に陥るのは当然である。
　ADHDやアスペルガー症候群、LDなどの診断をされた子たちの中には、「見え方」の問題が大きいと思える子が相当数いる。
　そのために、本来持っているはずの力を出すことができないでいるのである。
　このような「見え方」に焦点をあてた研究は、教育界ではほとんどなかった。

---

①両目をうまく使えていない。
②両目は見えるのだけど、片方の目しか使っていない。
③両目の協調運動ができていない。
④ピント合わせの機能に問題がある（視点を変えたときに、ピントが合うまで時間がかかる）……

　このような問題から、さらに、集中力低下、不注意、身体協調運動の障がい、リズム感がない、左右がわからない、空間認知能力の障がい、算数が苦手、勉強嫌いといったことが発生しているケースもある。
　その多くは協調運動に問題があるために起こっている。適切なトレーニングをすれば改善する可能性が大きい。
　問題は、教師がそのような知識を持っていないという点である。

(3) 視知覚認知の問題を発見する視点をもつこと

　LD、とりわけ読字障がいや書字障がいを持つ子たちの問題についての研究はまだまだこれからである。
　学習障がいをもつ子どもたちの中には、視力に問題がなく、良く見えているようであっても、実は「見る力」に弱さがあり、本当の意味での見ることが上手にできていない子がたくさんいる。
　教師はこのような子どもを発見する視点を持っている必要がある。
　幼児期では、

---

①絵が描けない

②積み木で形を作れない
③パズルが苦手
④キャッチボールが苦手

などの兆しが見られる。
就学後には、

①文字がうまく書けない・覚えられない
②鏡文字がある
③読みが非常に遅い
④算数の図形問題がわからない
⑤球技が苦手
⑥左と右の区別がつきにくい

などのつまずきにつながる。
　子どもたちを見て、次のような症状が一つでもあれば、視知覚の専門家に相談をする必要がある。他にもあるが、教室で比較的発見しやすいものを挙げた。
　適切な対応と適切なトレーニングをすれば、改善し、落ち着いて学習できるようになる可能性が大きいからだ。

①目を細めたり、こすったりする。
②動作がぎこちなく、よくものにぶつかる。
③字がうまく書けない。字の形を覚えにくい。書き損ねたり、文字の間隔がばらばらだったりする。
④文字・数字を裏返して書く。小学校2年生以降でも鏡文字を書く。自分で間違いに気づいて直すことができない。
⑤黒板の板書を写すことがうまくできない。
⑥文字の抜けた単語を書いたり、単語の抜けた文章を書いたりする。
⑦算数の概念（時間、お金、グラフ）がうまく理解できない。

7 「視覚映像優位・色優位・3D認知」と「聴覚言語優位・線優位・2D認知」を理解する

(1)「視覚優位」と「聴覚優位」の子どもたちに対する理解

　重要な話を聞いた。
　宮尾益知ドクターからである。
　宮尾ドクターは国立成育医療研究センターで医長を務めている。
　3000名に及ぶ発達障がいの子どもたちをみてきたエキスパートである。
　『発達障がいの治療法がよくわかる本』(講談社)『わかってほしい！　大人のアスペルガー症候群』(日東書院本社)等の分かりやすい著書がある。
　重要な話とは「視覚優位」と「聴覚優位」の子どもたちに対する理解である。
　視覚に強いタイプを「視覚映像優位型」という。逆に聴覚の認知に強いタイプを「聴覚言語優位型」という。
　どのような障がいにどのような傾向があるのか、教師はそのおおまかな特徴を理解しておく必要がある。
　第一にLDの子どもたちだ。
　LDの子どもたちの中には、視覚認知が聴覚認知に比べてすぐれている子がいる。
　耳で聞いた情報は苦手だが、目で見た情報は入りやすいということだ。
　したがって、説明を耳で聞かせても分からない。目で見せると分かる。
　そのはずだった。
　ところが、文字で書いたものや、紙に書いた図などを見せても、やはり分からない子がいるのである。視覚優位のはずだ。それなのに、なぜだろうか。
　それは、この子たちの脳は、ものごとを立体的に「三次元」で認知するからである。
　いわば「3D」なのだ。
　たとえば、漢字も立体的な三次元の図形として認識する。
　平面に書かれていると意味がとれない。もちろん筆順もわからない。
　ところが、漢字をパソコン等で立体的に見せると分かるようになるというのである。
　アルファベットを粘土で作り、形を触りながら声に出して覚えるといった方法も、欧米ではとられているという。
　またこの子たちは「色」の認識にも優れている。色の違いによって、明るさの違いもよく分かる。
　だから、立体感のあるものをとらえるのが得意なのだ。

これを宮尾ドクターの研究グループでは「色優位性」と呼んでいる。
ところが「黒い線でかかれた丸」や「角」のようなものは認識できない。
したがって文字の形もうまく認識できない。
算数の教科書に書かれた図形や図解なども認識が難しい。
つまり、このような子たちの指導として、次のようなことが分かる。

①長い説明はいずれにしてもダメ。
②音読させると逆に意味がわからなくなる場合がある。
③文字に書いたものを読んでも分からない場合がある。
④図示しても分からない場合がある。
⑤「立体的」に提示すると、それだけで分かる場合がある。

数概念を立体的に提示する教具の代表は「百玉そろばん」である。
図形の概念を立体的に見せるなら「スケッチアップ」がある。
TOSS がこれまでに培ってきた指導方法がぴったりと符合する。
ただし、音読等をさせる場合には留意する必要がある。文字の説明を見せても混乱する。
一目でわかるように情報を制御しながら、まず答えを確認した後で、その答えの出し方を式にさせる方がよい。
まず全体像を把握させてから部分に進むような指導がよい。

（2）三次元の視覚認知に障がいのある子

第二に PDD の子どもたちだ。
この子たちの中には、逆に三次元の視覚認知に障がいのある子がいるという。
しかし二次元は得意なのだ。
「2D」である。
先述のニキ・リンコ氏や、ドナ・ウィリアムズ氏がその典型である。
このタイプの子たちは、三次元の距離感をとるのが苦手である。
「人の顔」も立体の世界にあるから、読み取れない。相貌失認してしまう。
ところが、顔を写真にして二次元で提示したとたんに、認識できるのである。
線で描かれたものや文字で書かれたものの方が理解しやすいので「線優位性」と呼ばれている。
このような子たちの指導として、次のようなことが分かる。

> ①聴覚優位の子が多いので、音読をさせることなどは有効である。
> ②全体像を一度に提示せず、部分に分けて少しずつ見せていく方がよい。
> ③箇条書きなどにして、解き方の順序が分かるようにするとよい。
> ④解き方をフレーズにして唱えさせるような音韻認知を重視した指導も有効である。

これも、TOSSがこれまでに培ってきた指導方法とぴったりと符合する。
言うまでもなく、数概念を「2D」で見せる教具の代表は「かけ算九九尺」である。
他に「手先の不器用さ」「音韻認知の障がい」等も、教師は勉強しておく必要がある。

8 大切な考え方は一方的に注入してよい。ただし「一級の教材」を取り入れること

発達障がいの子どもたちの行動は、時に非道徳的に見える。
今教室で実施されている多くの道徳授業は、これを改善することができるのだろうか。

(1) 自分の道徳的実践力は何によって身についたのか

大学生に質問する。

> 現在のあなたが身につけている「道徳的な実践力」について教えてください。
> ①それは、主に小学校や中学校の「道徳の授業」の中で身についたものだと思いますか。
> ②それとも、主にそれ以外の体験の中で身についたものだと思いますか。

結果はご想像の通りだ。
①に手を挙げる学生はほとんどいない。
どのクラスで質問しても、ほとんどの人が②に手を挙げる。それは「友達づきあい」の中であったり、「サークル活動」を通してであったり、「アルバイト」であったりする。道徳の授業とは別の、いわば実体験の中で身につけてきたと感じている人が圧倒的に多いのだ。

もちろん、だからと言って「道徳の授業には全く意味がない」という結論を断定することはできない。子どもは意識していないとしても、道徳の授業で学んだことが、現実の体験と無意識にリンクしている可能性もゼロではないからだ。それにしてもである。役に立った実感がこれほど少ない道徳の授業は、このままでいいのかと思える。
　以上は、小学校の教室にいる発達障がいの子どもたちではない。難しい試験を突破して合格してきた大学生たちの実情である。
　現在の道徳の時間については、大学生たちの実感を見る限りでは、どうも教師が期待しているほどには機能していないのではないか。

(2)「一級の資料」を与え、「下手な発問」はしない

　講義中、小学校の現場で私がどのような道徳の授業を実施してきたかを話すと、多くの学生は衝撃を受ける。

> 〈学生A〉
> 今日の授業の前半部分で「道徳の授業はまともにやっていなかった」ということが大変ショックでした。

　まともにやっていなかったのではない。私としては、かなり真剣に取り組んでいた。それが普通とは少し違っていたのだろうと思う（拙著『谷和樹の学級経営と仕事術』に書いた）。ショックは受けるようだが、多くの学生は私の話に共感してくれる。

> 〈学生B〉
> 道徳の授業の方法についてとても納得できました。〈学生C〉
> 道徳の話はすごく共感できた。最後の偽善じみた質問は子ども心にイラッとしていた思い出がある。

> 〈学生D〉
> 前に道徳の指導法の授業で指導案を書く時の「良い見本」で、「はしのうえのおおかみ」の指導案がくばられました。その時のものにも、「おおかみの気持ちは？」という問いがあり、私はそれがいい方法なんだなって思っていたけど、今日、先生の話を聞いて、新しい視点が持てました。

つまり、道徳の時間で彼らが覚えているのは次のようなことなのだ。

「登場人物の気持ち」を聞かれる。
「自分はどうだったか」を聞かれる。
「これからどうしたいか」を書かされる。

これをふりかえって学生たちは「偽善じみた」と表現しているのである。私は、本当に大切ないくつかの考え方は「一方的に注入」してよいと考えている。そのほうが、偽善じみていない。

---
①弱いものをいじめるな。
②自分にできることを進んでやれ。
③相手のことを心から考えろ。
④世のため人のためになることをしろ。
⑤先人に学べ。

こういったことに「理屈」は必要ないと思える。触れただけで感銘を受けるような「一級の資料」を与え、「下手な発問はしない」のが一番よい。

(3)「負けを認める」ことを促す教材を

さらに、現在の教室で重要なことは「発達障がいの子どもたち」が自立していけるために必要な道徳的実践力である。自立していくためには、どうしても次の二つのことが必要だ。

---
①小学校4年生程度の読み書き算
②友達とかかわる力

ここでの問題は②である。

PDDの子どもは他人とコミュニケーションをとるのが苦手である。「対話」が成立しない。勝ち負けの概念を理解することが難しく、ゲーム等に負けるとパニックになってしまう。こうした傾向のある子どもに、「資料」や「説明」でそのことを教えても、当然、全く入っていかない。

対話が自然に生じたり、自分も負けることがあるという体験を「少しずつ」「繰り

返し繰り返し」そして「ゆるやかに」通らせていく必要があるのだ。
　最もよい教材は、囲碁の安田九段が提唱している「ふれあい囲碁」である。「ふれあい囲碁」を教室に取り入れた先生方からは、発達障がいの子どもが次々に変化した、奇跡のようなエピソードがたくさん報告されている。(38頁参照)
　道徳の時間にはこうしたことも含めるべきである。

9 最先端IT機器を活用し、発達障がいの子どもたちに対応する授業の研究を

(1) 自閉症の子どもたちの表現ツールとしてのスケッチアップの可能性

　自閉症の子どもたちの中には「空間認知力」の優れた子がいると言われている。
　しかし、その能力を有効に使いこなせない場合がある。
　意味づけして言語化できない、紙の上にうまく表現できない等のことがあるというのだ。
　このことを初めて知ったのは「NewsWeek」の次の記事である。

Kids With Autism Love This Software
http://www.newsweek.com/id/179952

　自閉症の子どもたちが、スケッチアップというソフトウェアで新しい可能性を持ったというのである。
　普通の会話や書き言葉によるコミュニケーションが難しい子どもたちである。
　その子たちがスケッチアップを使ってコミュニケーションを行えるようになり、自立していけるようになるという報告も出ている。
　これは極めて重要な情報だ。
　スケッチアップを教室で活用するのであれば、第一にこの点についての研究を進める必要がある。
　例えば、算数の図形領域で見取り図や展開図を描かせる学習がある。
　模型などの実物を見せ、その見取り図や展開図をノートに描かせる場面だ。
　鉛筆と定規でノートに描かせた場合と、同じことをスケッチアップで描かせた場合とを比較してほしいのである。
　スケッチアップ上であらかじめパーツを準備しておいた場合と、寸法を自分で入力

させた場合も比較したい。

このような場面で、発達障がいの子どもたちがどのような反応をし、どのような学習活動をしたか。

その記録は貴重だ。

（2）子ども用スケッチアップテキストの活用を

量感を教えるのならスケッチアップより実物の方がよい。

数の合成・分解を教えるならスケッチアップより百玉そろばんの方がよい。

再度確認する。

スケッチアップを使った授業で第一に重要なのは、「子どもたちが自分で何かを表現するツール」としての活用だ。

道のりと距離の違いを教えるなら平面上の絵を指でなぞらせた方がよい。

しかし、空間に家や街を設計させるのであれば圧倒的にスケッチアップが優れている。

TOSSが日本で初めて開発した『子ども用スケッチアップテキスト』は、このようなコンセプトで開発されている。

一人ずつ持たせてスケッチアップに向かわせただけで子どもたちが熱中する。

テキストの範囲を超え、さらに自分で工夫したものを作り出すようになる。

このテキストを活用しての子どもたちの反応もぜひご報告いただきたい。

子ども用スケッチアップテキスト
http://www.tiotoss.jp/

（3）スマートボードを活用した「提示型」と「参加型」の授業場面

これに対して「スマートボード」を活用した授業の研究は、またロジックが異なる。

こちらは「提示型」と「参加型」の両方が必要だ。

「提示型」はつまり教師が教材を提示し、テンポよく一斉授業を進める場面だ。

この場面で最も重要なのは、子どもたちと目を合わせながらの「対面型」で授業を進めることができる点である。

TOSSは2003年からこの研究を始め、2006年には『スマートボード活用授業検定テキストTOSS認定』も刊行した。

算数の授業で使える提示用教材もTOSSランドにたくさんアップされている。

教師はスマートボードを当然のように使いこなし「対面型の授業」ができなければ

ならない。
　そのための技量を上げることが必要である。
　「立ち位置」「言い方のニュアンス」「声の出し方」「リズムとテンポ」等も含め、研究すべき点はたくさんある。
　「参加型」は子どもたちがスマートボードを操作する場面である。
　前に出て電子黒板を操作している子どもたちの理解が深まることはもちろん、その様子がその他の子どもたちにもよく見える。
　進行状況が逐一わかるため、見ている子どもたちも熱中し、理解も深まるという相乗効果がある。
　このためのコンテンツもTOSSランドにはたくさんアップされている。

（4）ワーキングメモリを鍛えるTOSSの教材と指導法

　もうひとつ取り上げておきたいのは、「ワーキングメモリ」との関連である。
　TOSS型の教材や指導法は、発達障がいの子どもたちのワーキングメモリを補っているという指摘がある。
　ワーキングメモリには4つの要素があるという。「視空間的スケッチパッド」「音韻ループ」「エピソードバッファ」そして「中央制御系」である。
　例えば視空間的スケッチパッドというのは、言語化できない視覚情報を映像として保持するような働きだ。
　確かに計算スキルやTOSSランドのコンテンツ群にはそのような工夫がなされている。
　これらの教材を活用し、うまく指導することで、子どもたちのワーキングメモリを少しずつ鍛えているという可能性もある。
　どのような教材を使ってどのように指導すればワーキングメモリが鍛えられるのか。
　この分野の研究をもっと進める必要がある。

10 自閉症の子を根底から変化させた「五色百人一首」のもつ魔法の力

（1）アスペルガーの子に「五色百人一首」を導入する

　私のクラスを安定させていた大きな武器の一つは、「五色百人一首」である。
　4年生を担任した時のこと。教師の指示を全く聞こうとしない辰夫君がいた。

当時、診断はされていなかったが、現在ならおそらくはアスペルガー症候群の傾向があったのではないかと思える。
　机につっぷしている。机の下に寝転んでいる。授業にも参加しなければ、掃除もしない。
　どのように言っても、何一つやろうとしないのである。
　辰夫君を変えたきっかけの一つは「五色百人一首」だった。
　もちろん、最初に始めた時はやろうとしない。机に座って見ているだけで、一枚も取ろうとしない。手も出さない。
　「五色百人一首」はリーグ戦である。
　彼は一枚も取らないのだから、当然、すぐに一番下のリーグに固定された状態になる。
　しかし、周りの子たちがあまりに楽しそうなせいか、一応座って見ている状態ではあった。
　私は、その状態を予想していた。
　そこで、辰夫君がいる最下位リーグの場所を、私が立つ教室前方にくるようにした。
　私は札を読みながら、彼の動きを自然に目に入れることができる。

（2）向山型の最初の指導場面を忠実にトレースする

　重要なのは、「五色百人一首」を導入する際に、向山型の指導を忠実にトレースするということである。
　最初の指導場面では、一時一事で百人一首のルールを教える。
　裏を見て覚えることを教える。
　その際「一枚だけ覚える」ことを教える。
　一字決まりや特徴のある札も教える。
　こうした向山氏の指導を学び、可能な限り忠実にトレースすることだ。
　教師は明るく、テンションをあげて、子どもたちを巻き込む。
　そうすれば、数日でほぼ全員の子どもが「五色百人一首」に熱狂するようになる。
　この「ほぼ全員が熱中している」状態をできるだけ早く作り出すことが大切だ。
　辰夫君が「五色百人一首」を拒否したとしても、集団の熱狂が、彼にその主張をさせることを躊躇させる。
　第一段階が大多数の熱中状態を作り出すこと。第二段階が個々への対応である。

（3）子どもの目線の動きをみて札を読む

　辰夫君は、札を読む私のすぐ目の前にいる。

単に座っているだけで、まるで参加しようとしない。
しかし、注意深く見ていると、ごく稀にちょっとした動きをおこす。
「裏を見て覚えなさい」と言ったときには言うことを聞かない。
しかし、私が別の札を読んでいる時に、時々一枚を手にとって裏を見ることがある。
私は、タイミングをはかって、その子が裏を見た札を机に置いた瞬間に、その札を読んだ。もちろん、視線は別のところを見ながらである。
辰夫君は、一瞬驚いたように私を見たが、私はまるで別の方を見ていて、目を合わせなかった。全くの偶然であるかのように装ったのである。
辰夫君は私を見たが、その札は取らなかった。取れなかったのだろう。相手がその札を「はい」と言って取るのを見ていた。
しかし、このことによって彼は「裏を見ることの意味」を理解したのである。

（4）アスペルガーの子が変化した瞬間

私は、「偶然」がうまく起きるように、細心の注意を払って調整した。
そのためには、彼の机の上にある札の並びを私もある程度覚える必要がある。
辰夫君が手に取りそうな札をあらかじめ、私が手に持っている読み札の束の下に集めておくのである。
机の上から辰夫君が札を手にとったとき、私も一瞬でその読み札を指ではさむ。
連続で偶然が起きるとわざとらしい。
様子を見ながら、私は慎重に3回に1回くらいの割合で彼が裏を見た札を机に置いた直後に読んだ。
おそらく数度目だったと思う。
辰夫君は「はい」と小さい声で言って、札をとった。
その時、私は初めて「おっ」という驚いた表情を辰夫君に向け、ニッコリと微笑んで見せた。辰夫君も私を見て目を合わせた。

やがて百人一首に勝つ場面を経験し、彼は変わりはじめた。
休み時間にも百人一首をするようになった。
友達が誘うと一緒に札をとったり、坊主めくりをしたりするようになった。
リーグ戦で上位に行くことこそなかったが、それでも私が「百人一首をします」と言うと、他のみんなと一緒に「ガッツポーズ」をするようになった。
学習にも参加するようになり、掃除や給食の後片付けなど、あらゆる場面で変化した。

3年生まで、何を言っても全くやろうとしなかった子である。たった一枚、その最初の一枚を「はい」と言って取ったことが、辰夫君を変化させたきっかけだった。

事例はこれだけではない。

6年生を担任した時に自閉症の子が県大会で優勝した例。スポーツで負けるとキレてしまう子が負けを認めるようになり落ち着きを見せた例。今回紹介したような、「五色百人一首」の持つ「子どもたちを根底から変化させる魔法の力」を、私は何度も見てきた。

「五色百人一首」はゲームであり、いわば教育活動の中心ではない。まさに余暇活動の領域に近い。しかし、その効果は絶大である。ぜひ取り入れていただきたい。

11 奇跡の教育実践『ふれあい囲碁』を全国の教室で実践しよう

『ふれあい囲碁』を教室に取り入れることで、発達障がいの子どもたちが激変している。

（1）安田泰敏氏の奇跡の実践『ふれあい囲碁』

安田泰敏氏はプロの囲碁棋士（九段）である。九段と言えば囲碁界の最高位だ。その世界では神様のような存在である。その著書『命を救う「ふれあい囲碁」』（NHK生活人新書　2004年）は不朽の名著だ。

いつも鼻水をたらしていた5歳の幼児。安田氏に唾をはきかけてくる小学生。乱暴で、どの教師も手におえなかった茶髪の中学生。このような子たちが、『ふれあい囲碁』で激変している。幼児から高校生まで、どの学年もみんな、である。

安田九段のたった1時間の『ふれあい囲碁』の指導。それで、根底から別の人間になってしまったかのような変化をとげている。まさに、奇跡の実践だ。

これまでに教育界で取り組まれてきた発達障がいの子どもたちに対する指導の中でも、このような事実をつくりだしているものはほとんどない。

（2）簡単なルールとスピーディーな展開

『ふれあい囲碁』は「囲碁」ではない。どちらかと言えば、オセロゲームに近いイメージである。教師が囲碁を知っている必要はない。むしろ、知らないほうがいい。へたに知っているといわゆる「囲碁」を教えようとしてしまう。かえって難しくなり、

子どもたちはそっぽを向いてしまう。
　準備は簡単だ。六路盤とか九路盤という小さな盤を使う。これと、黒白の碁石替わりのものがあれば、それだけですぐに始められる。なければ自作すればいい。
　最初は次のようなことを教えるだけだ。

①黒と白で交代に置きます。
②線と線の交差点に置きます。
③囲むと取れます。
④一つでも取れたら勝ちです。

　導入はこの程度でいい。小さな六路盤で、石が一つ取れたら勝ちなのだ。子どもたちはすぐにわかる。一回戦はものの１〜３分ほどで終わる。後はゲームを進めながら、石がとれるパターンがいくつかあることや、２つ以上の石を一度にとれることもあることなどを、少しずつ教えればいい。
　男女のチームによるリレー戦を導入で取り入れるとよい。子どもたちは熱中し、盛り上がる。自分たちのチームを自然に応援する。その上、ルールも理解する。
　「五色百人一首」のようなスピード感あるリーグ戦もできる。

（３）全国にひろがる実践事例

　ＴＯＳＳの教師は既にこれを教室に取り入れ、多くの実践事例をつくり始めている。
　「学年一のワル」といわれている子が、何度も何度も「やろう！」と言った事例。先生に負けて、生まれる初めて「参りました。」と言った事例。休み時間にも繰り返し『ふれあい囲碁』をやりたがった事例。そのような子どもの事実が、たくさん報告されている。教室だけではない。『ふれあい囲碁』では「家族のふれあい」をも取り戻している。
　次は、あるお母さんの報告である。

『ふれあい囲碁』に初めて昨日出会った長女。４歳半。見通しのきかないことが大嫌い。初めてのことは、ほとんどやらない。拒絶。
今日、私は『ふれあい囲碁』の威力を知ることとなった。長女の事実に今、感動している。夜、私が風呂から出てくると、楽しそうな笑い声が聞こえてきた。部屋をのぞくと、なんと!! 長女が主人と囲碁をしている!! 主人に聞くと、長女が、突然「ふれあい囲碁、やろう！」と言ったのだという。え!?　本当に!!　しかも、楽しんでいる。

> 「よし、次はお母さんやろう!」
> え? もっとやりたい!? どんなおもちゃも、遊びも1回やったら、「はい終了」が常の子が、2回戦をやりたい!?
> 「じゃあ、次、お父さんとお母さんね!」
> え? 3回戦! ここからがすごかった。
> 「がんばれ、がんばれ、お母さん! がんばれ、がんばれ、お母さん!」
> なんと、応援を始めたのである。生まれて初めて、長女が自らの意思で私の応援をしている。こんなに生き生きと楽しそうに遊びをする姿を私は見たことがない。これまで、家族皆で一緒に楽しんで、遊んだことがなかった。生まれて初めて、4歳半、2歳半の子どもたちと家族4人で楽しんだ気がする。私の心は今日、母親になって初めて子どもとふれあった気がした。

『ふれあい囲碁』は、いわば「対話」である。

相手の置いた場所によって「そうきたか」「じゃあここは?」「まいった」のような心理的な交流があるのだ。それが自閉症の子どもたちの教育にも有効であることの研究が、欧米では進んでいるという。

『ふれあい囲碁』を簡単に導入できるキットや、ルールが一目でわかるような手引き、また練習用のシートなども、現在急ピッチで開発中である。教室で実践し、その効果を検証していただきたい。

総務省の椎川忍氏(総務省自治財政局長〈前、地域力創造審議官・初代〉)は、TOSSが安田九段を招いて開催したセミナーに参加され、その感想をブログとTwitterで次のように発言した。

> 昨日のTOSSふれあい囲碁セミナーは素晴らしかった。全国から参加された先生方の熱意と安田九段の思いがつながりました。日本の教育再生です。
> 多くの先生方から、発達障がい、アスペルガー症候群、暴力、学級崩壊などの処方箋としてきわめて有効との報告が相次ぎました。そして、このふれあい囲碁クラブの活動をどんどん広めていきたいとの意見が寄せられました。
> 学級崩壊、多動性障がい、アスペルガー、孤立、暴力行為などに悩む先生方、ふれあい囲碁があなたを、そして児童・生徒を救います。

第2章

誰もがわかりやすい
国語授業の原則

1 指導場面が具体的にイメージできる年間計画をつくれ

　観点を設定し、それぞれの指導内容を列挙し、さらにその指導方法の例示までを書き出しておくことが大切である。
　「向山型国語」の各種スキルを年間計画の中に位置づける方法が最も効果的だ。
　書籍等から項目だけをピックアップしてもイメージできない。また、単にバラバラに書き入れただけではつながらない。
　いくつかの観点が必要だ。

（1）基礎基本の学力を確実に子どもたちに習得させるための指導

　第一は基礎基本の学力を確実に子どもたちに習得させるための指導である。
　漢字、音読、視写、直写等だ。
　漢字は、赤ねこ漢字スキルに示されているユースウェアに沿って、年間を通してごく普通に指導していけば、通常は2月までに全体を終えることができる。
　これを逆算して何月までにどのページまで進むかを計画しておけばよい。
　その上で3月には定着のためのまとめのテスト（これも向山型の指導法がある）に取り組ませる計画にする。
　音読は、どの子も、全員が、すらすらと文章を読めるという状態が最初の目標である。
　どの教材で指導を開始し、どの教材で評価まで行うかを確定する。
　その際、教材名を書き入れただけでは足りない。
　音読の指導法を少なくとも10パターンは挙げておく。TOSSのシングル級の人であれば、通常は20種類くらいを段階的に使い分けているだろう。
　「音読のテスト」の方法も確認する。
　視写と直写は、私の場合「うつしまるくん」「暗唱直写スキル」を活用していた。
　これらは冊子自体がカリキュラムとして構成されているので、「いつまでに、どこまで進めるのか」を計画しておけばよい。

（2）伝統的な言語文化や各種の言語事項を学習させるための指導

　第二は伝統的な言語文化や各種の言語事項を学習させるための指導である。
　有名詩文の暗唱はぜひとも取り入れたい。暗唱させたい詩文を列挙しておく。最初

は暗唱直写スキル等の教材に入っているものからスタートし、その後向山学級で暗唱されていたものへと進む。

　子どもによって暗唱していくスピードが異なるから、全体を示して、個人の進度がわかる一覧表があればいい。

　私は少ない子で10くらい、多い子では30以上の詩文を毎年暗唱させていた。

　子どもたちは暗唱の学習が大好きだった。

　言語事項の指導では、教科書に出てくる事例を扱う時期を書きこんだ上で、向山実践の追試を計画しておく。

　学年によるが、例えば「くっつきのを」「形容詞」「かける」等だ。再度向山氏の全集等を紐解いて、年間計画を貼りつけたノートに書き加えておくのである。

　百人一首も取り入れるが、これは特に年間計画には記入していない。

（3）文章を書く力の指導

　第三は文章を書く力の指導である。

　大きく分けて「生活作文的な文章」と「論理的な文章」とがある。

　生活作文的な文章の指導は、毎日書く、長く書く、丁寧に書く、一つのことを詳しく書く、というように進める。

　その上で「観察したものを書く」「描写的に書く」等の指導を加えていけばよい。

　向山実践にたくさんの指導例がある。

　「事実と考え」の指導や「文を長く書かせる指導」等は、ぜひとも年間計画の中に入れておきたい。

　論理的な文章の指導は、「向山型説明文の指導」とセットである。

　問いと答えの構造を教え、そのフォーマットで文章を書かせるのだ。

　教科書の説明文が適していない場合には、「向山型国語教え方セミナー」等で解説された教材文を投げ込む計画にする方がよい。

　これと並行して「達意の文」の指導も入れておく。文末表現の一致、常体と敬体の統一、主語と述語の対応、助詞（テニヲハ）を正確に使うこと、句読点の打ち方、文の短さ、等々である。

　こうしたことは、子どもが書いた文章をその場で取り上げて指導するのがよい。

　どのような内容をどのように指導するのかということを、年間計画に列挙しておくと漏れ落ちがない。

　他に「要約」「レトリック」「詩」の指導などもある。

（4）「文章を分析するためのものさし」の指導

　第四に「文章を分析するためのものさし」の指導である。
「登場人物」「話者と視点」「クライマックス」「イメージ」「モチーフ」「主題」等だ。
通例は一年間に一つか二つで十分である。
　それを校内のカリキュラムとして指導教材とセットで提案できていれば一番いい。
　どの教材文でどれを指導するかを計画し、これまでと同じく、その指導法を書き出しておく。

（5）「読書の習慣」をつけるための指導

　第五は「読書の習慣」をつけるための指導である。
　一番いいのは「読み聞かせ」だ。読み聞かせたい本の一覧を作成しておく。
　以上のように、個々の指導場面がイメージできるような具体的な年計が必要だ。

2　向山洋一氏の学級通信から実践を書き写し、整理し、その思想を学ぶこと

（1）向山氏の国語実践をすべてピックアップする

　向山氏の学級通信の中で、比較的手に入りやすいものとして、次の6つがある。

```
①アチャラ        ④エトランゼ
②ランダム        ⑤スナイパー
③アンバランス    ⑥えとせとら
```

　これらの学級通信の中から向山氏が書いている国語の実践をすべて拾い出すのである。時系列にノートに書き出していく。
　この作業を、まずはご自身でやってみることをお勧めする。
　そうすれば「年間指導のポイント」がおぼろげにでもわかるだろう。自分でやらなければ全く意味がない。この作業を、自分自身で通っていない人は、どんなに解説を読んでも、結局は消化しきれないで終わるだろう。

（2）『アチャラ』に出てくる漢字指導

　ここでは4年生の『アチャラ』に出てくる年間の国語指導を整理する。念のため繰

り返すが、自分自身で書き写した人でなければ下記の文章だけ読んでもわからない。
　まず第一に漢字である。向山学級では、おそらくは分析批評よりも大切にされていたのが漢字指導である。
　4月9日の国語の最初の時間に向山氏がした指導は「知っている漢字をすべて書かせる」ことだった。
　むろん「熱中」する展開でやったのである。
　4月15日には、「漢字の覚え方」を指導した。

①指で筆順をたどる。
②ドリルの練習用のマスに書く。
③漢字ノートに何回も書く。

　今なら「指書き、なぞり書き、写し書き」と読んでいる指導法だ。
　その上で、たくさん書けばいいのではなく「覚えるまで」練習することが大切であることを強調している。
　さらに4月27日には「漢字テスト」の点数を学級通信上で公開している。向山氏がいかに漢字の指導を重視していたかの証左である。
　むろん、氏が意識していたのは「漢字指導そのもの」だけではない。
　①納得したことを行為に移すには時間がかかること
　②行為が積み上げられ、技能になるまでにはさらに時間がかかること
　このようなことを子どもにも母親にも訴えた。それが向山学級の年間の教育活動の思想の一つである。そのことを「漢字」を通して主張したのである。

（3）『アチャラ』に出てくる「言葉」や「言語技術」の指導

　第二に「言葉」や「言語技術」の指導である。これも「分析批評」や「文章の読み取り」などと比べても大きなウエイトを占めていたはずである。
　4月11日には「自分が辞書を作る人になったつもりで、次の言葉を説明しなさい」という授業をした。すぐ後の16日。今度は辞書を「ひく」のではなく「読む」ことを教える授業をした。「言葉遊び」をしながら熱中する展開で行ったのである。詳細は原典にあたっていただきたい。
　5月には「わたりの不思議」で次のような内容を指導している。すべて言語事項だ。

①「毎年」の「毎」の意味。

②「飛」の書き順と「跳」との違い。
③「椿、榎、楸、柊」の読み方。
④「知っています」という文と「知っているようです」という文の違い。
⑤「どれも」等の指示語の範囲。

6月には「四字熟語集め」と「車へんの漢字づくり」。
9月には「口の慣用句」の授業。
また7月には「年賀状の書き方」と「往復葉書の書き方」が指導されている。
さらに「暗唱」についての記述も頻繁に出てくる。向山氏が暗唱させていた詩は主に二種類。「ことばのひびきの美しい詩」と「ことばあそびの詩」である。これも言語感覚を伸ばす上で大切な年間指導だ。
向山氏は、このような基本的な言語能力や言語感覚の日常的な指導を非常に重視していたのである。
これは、向山氏の実践を追試する人の中で、かなりの割合の人が見落としている点だろうと思える。

(4)『アチャラ』に出てくる分析批評の指導

そして分析批評である。実は、この年に指導された分析の視点は、学級通信をみる限りでは、二つしかない。
「話者の視点」と「対比」である。
この二つを使いこなすだけで、向山学級の子どもたちは高度な討論をするようになる。
最初に話者の視点と対比を教えたのは5月。たまたま子どもが持ち込んできた詩で「脱線」をして教えている。
7月に本格的なスタート。「春」を取り上げている。ここでも中心は「話者の視点」と「対比」である。
11月の「小さなみなとの町」と「だからわるい」、12月の「ふるさとの木の葉の駅」までで、子どもたちはこの二つの視点を縦横無尽に使いこなすようになるのだ。
分析批評以外では、わたり鳥について「毎年決まった季節にすむ場所を変える鳥」と説明した文章をみて「では『場所を変えない鳥』は何というのか」と発問する場面がある。これは「このような時はいつも逆を考えてみる」という物の見方を教えているわけだ。
結局、向山氏は「基本的な言語能力」と「他に転用可能な原理的なこと」を重視し

ていたと思われる。

3 子どもが熱中する「問い方」に変換せよ

(1) 斎藤喜博の『学校づくりの記』に出てくる詩

> しょうじをあけると、
> 明るい朝の風といっしょに、
> つばめが一わ飛びこんで来た。
>
> つばめはくるくるへやじゅうを回り、
> ときどきこまったようにはばたき、
> また、いくども天じょうを回って、
> ひらりと外へ出て行った。
>
> どこへ飛んで行ったろう。
> つばめはきっとびっくりしただろう。
> だが、ぼくもおどろいた。
> なんだかむねがどきどきした。
>
> そのあとではればれした。
> きょう、なにか
> よいことがあるような気がした。
> なぜだか、どんなことだか知らない。
> ただ、なんとなくそう思えた。

　斎藤喜博の『学校づくりの記』に出てくる詩である。
　4月のはじめ。5年の先生が欠勤した。校長の斎藤喜博は教室を訪れる。自習の様子を見に行ったのだろう。
　その時間の教材がこの『つばめ』という詩だった。たまたま訪れた教室である。その場で斎藤喜博は授業をする。あなたなら、どのような発問ができるだろうか。

この教材の「骨格」は何か。そして、どのように「授業展開」を組み立てるのか。

（2）斎藤喜博の指導

斎藤喜博の指導は次のようであった。

> ①わからない語句にすじを引かせた。
> ②友だちと話し合わせた。
> ③質問に来させた。（質問に来るときは、自分の考えやみんなの考えをもって、それが正しいかどうかを聞きに来させるようにした。）

　上記は私がまとめたもので、正確な引用ではない。ぜひ原文にあたっていただきたい。
　ここまでの斎藤喜博の指導を、向山氏は絶賛している。
　「さすがに斎藤喜博」「これだけのことが、自然にできるようになるには、5年の教師修養は必要だろう。」と述べている。
　これが「授業展開」である。
　第一にどっしりと安定している。第二に子どもの意見を多様に引き出す工夫がある。第三に「質問」とはどのようにするものなのか、その基本的な態度も指導されている。
　問題は、その次の斎藤の発問である。

> 「むねがどきどきした。」のはどうしてこうなったのだろうか。

　この発問に対して、二つの意見が子どもたちから出る。
　「つばめが逃げてしまったから。」
　「つばめが入って来たから。」

　これに対して斎藤は次のように発問する。

> 二人の意見のどちらがよいでしょうか。またほかの意見はないでしょうか。

　これが斎藤のとらえた「教材の骨格」である。ここで意見は二つに分かれたまま、授業は終了してしまう。
　向山氏はこの場面をとりあげて、まず次のように肯定した。

> 「むねがどきどきしたのは」「入ってきたからか」「逃げてしまったからか」という二つの対比による問い──ここに私は斎藤喜博との共通項を見る。
> 私もこのように問う。

　つまり、教材の骨格は斎藤喜博にもある程度見えていた。しかし、その「問い方」が向山氏は違うのである。
　さらに、他の発問も考えられる。
　向山氏は次のようにまとめている。

> これが、斎藤喜博というより1950年代の指導技量の限界であろう。
> 斎藤喜博が突破できなかった場面を、今の教師なら超えられるはずである。

（3）向山洋一氏の指導

　自分ならどう発問するか。書き出してみていただきたい。
　分析批評を学んでいる教師なら、たちどころにいくつかの発問を書き出せるだろう。
「ありえない表現を書き出しなさい。」
「対比されているものは何ですか。」
「話者はどこから見ていますか。」
等々だ。
　しかし、向山氏の発問は違うのである。
　教材の骨格を見抜いた上で、さらに子どもたちの「あれども見えず」を浮き彫りにし、知的な興奮を呼ぶような問い方に変換する。

> ①「飛びこんで来た」と「入ってきた」とはどうちがいますか。
> ②「ときどきこまったように」と思ったのは誰ですか。
> ③「むねがどきどきした」のはいつですか。

　このような問い方は一朝一夕にできるものではない。
　数多くの発問例を学び、多くの緊張場面をくぐり、数千例をもとにしたパターン認識がなされていることが必要だろう。

4 論理的思考を促す向山型作文指導の基本原理「1％の形式と99％の自由」

　論理的な思考をするためには頭の中だけで考えていてはだめだ。文にして紙に書く必要がある。ただし、書いただけではまだ足りない。正確に意味が伝わる文、つまり「達意の文」で書くこと。それを向山氏は重視していた。だからこそ、向山氏の作文指導は論理的思考を促したのである。
　「達意の文」にはいくつかの条件がある。

(1) 一文が短いこと

　第一に一文を短くすることだ。
　一文を長く書くと、論理的な思考はできない。人間のワーキングメモリに入る情報量には限界があるからだ。長ければ長いほど、意味不明の文になる。
　向山氏は次の例を挙げている。

　私は洗たくものをほしながら歌をうたっている姉に話しかけて、昨日のことを考えてみたら私が悪かったので、あやまろうと思ったけど、姉がその時洗たくものをほし終わって、向こうに行ってしまって残念だった。

　わかりにくい文の典型である。
　そもそも、「私」は姉に話しかけたのか、それとも話しかけなかったのか。上の文では、はっきりとは分からない。これを分解し、一文一義に直す。それだけで明確になる。

> 姉が洗たくものをほしながら歌をうたっている。私は昨日のことを考えてみた。私が悪かった。私は、姉に話しかけてあやまろうと思った。その時、姉が洗たくものをほし終わった。姉は向こうに行ってしまった。残念だった。

　文章としてはこなれていないかもしれない。しかし、言いたいことはよくわかる。子どもには「丸（句点）一つが500円」と教える。最初の文の価値が500円。直した文は3500円である。一文を短くする。一つの文には一つのことしか書かない。これが論理的思考につながる作文の出発点である。

（2）事実のみを書くこと

　向山氏は次のように述べる。

> およそ「作文指導」とは「形容詞をいっぱいくっつけた文」を書けるようにすること、「思ったこと、考えたこと」を書けるようにすることが中心になる。

　したがって「レトリック」などの文のお洒落も向山氏は教えていた。しかし、その前提としてもっと重視していたのは次のことだ。

> 1　形容詞等をできるだけ削除する。
> 2　事実のみを書く。

　つまり、正確で意味が通る文、「達意の文」を書かせることである。「事実のみを書く」というのは、簡単なようで簡単ではない。向山氏は１時間を使って授業をしている。授業展開は次の通りである。

> 1　「事実と考え」のちがいを説明する。
> 2　指示「ノートに事実の文を５つ、考えの文を５つ書きなさい。」
> 3　黒板に事実を示す文を書かせる。
> 4　三つを取り上げて検討する。
> 5　応用問題を出す。

　この中で最も重要なのは次の三つの文を取り上げて検討する部分である。

> ①ゴリラはゴリラだ
> ②松崎さんはカバンをたてに入れた
> ③向山先生はしょうぎがうまい

　これら子どもの書いた文を取り上げながら、向山氏は次の概念を教える。

> ①トートロジー
> ②確認情報と未確認情報
> ③ある限定された中でしか通用しない事実

子どもがたまたま書いた中から、この三つをその場で取り上げたのである。
「大変面白い文。みんなのためになるいい文だ」
とほめてから、三つの概念を教えたのである。

(3) 基本となる思想

「一文を短く」「事実を書く」など、最も基本的な形式については、向山氏はかなりこだわって教えていたと思える。ただし、「自由さ」も同時に保証されていた。

> 価値判断は全く自由にさせている。形式もほとんど自由にさせている。99％は自由を与えるが1％は形式を与える。それについては頑固である。(『四年生』No.16)

1％の形式と99％の自由。これが子どもたちの論理的思考を促す向山型作文指導の基本原理である。

5 子どもがどんどん「話す」向山型スピーチ指導とは

まず、教師のスピーチ力をあげることである。
それが子どもへの指導につながる。
教師のスピーチが下手なのに、子どもに指導できるわけがない。
よいスピーチの条件。

(1) 描写的に語れ

ほとんどの教師の話は「説く」タイプである。つまり説教である。スピーチの講座で、向山氏は次の言葉を引用したことがある。

> ものの理を説くことは、人をつき飛ばすことに等しい。

フランスの哲学者アランの言葉だという。
理屈を言えば言うほど、聞き手は離れていく。説教すればするほど、子どもを突き

飛ばしているのと同じことだ。

「描写的に語る」というのは、分かるようで分からない。できるようで、できない。

描写的な語りの条件は「情景が映像のように目の前に浮かんでくる」ような語りである。

映画「男はつらいよ」の寅さんのような語りがいい例だ。

「日暮れ時。農家のあぜ道を、一人で歩いていると考えてごらん…。庭先にりんどうの花が、こぼれんばかりに咲き乱れている農家の茶の間。灯りがあかあかとついて…」

こういう語りだ。

簡単じゃない。練習が必要である。

一番いいのは向山氏が子どもたちに語ったものをトレースしてみること。例えば「白い車、赤い車、白と黒の車」の語りなどだ。

条件の二つ目。

（2）一般化するなら最後にせよ

まず具体例を描写する。

その具体的な事例をもとに、もし一般化するなら、話の最後にほんの一行程度でよい。

それが全体を引き締める。

先ほどの寅さんの語りでは、「これが人間の生活というものだ」と一般化している。

向山氏の語りでは「三つの車のお世話にならないで、楽しい休みを過ごして下さい」だ。

（3）前置きをするな

「ただいまご紹介にあずかりました…」

「今から先生が、○○のお話をします…」

授業開始の「挨拶」も同じだ。形式的なこと、決まりきったこと、観念的なこと、あたりまえのこと、そうしたことを全部削除する。最も重要なところから話を始めるのがよい。ポイントから突入する。向山氏も「要点から入れ」のように述べている。

（4）自分のことを語れ

こうした描写的な語りで最も説得力があるのは、「自分の体験」である。

私は、自分が交通事故にあったときの話を子どもたちによく語っていた。

「寒い朝でした。外にとめてあった先生の車の窓ガラスには、真っ白な霜がびっしりと、こおりついていました…。」

授業でも、文章でも、みんな同じである。

自分自身が体験したこと、自分が持っている内容を自分の言葉で語ることが、人に強く訴えるのだ。ただし「身内の自慢話」や「前のクラスの自慢話」は絶対に避けた方がいい。一度でもやったら、それで子どもたちの心は離れる。二度やったら、もうおしまいだ。

(5) 一つだけ言え

「三つお話しします。」と始まったら、そのスピーチはもうダメだ。大人でも一度聞いて三つの内容を覚えているのは難しい。子どもが三つも聞くはずがない。ましてADHDの子はワーキングメモリが少ない。混乱してしまう。話す内容はひとつだけである。

(6) 短く言え

スピーチは基本的に30秒で限界である。

テレビのCMも15秒、または30秒が標準である。30秒は長い。1分は非常に長い時間である。つまらないことをだらだらとしゃべるのならいくらでもしゃべれる。描写的で内容のある話を30秒話すのは大変難しい。練習しなければ不可能である。

向山氏は子どもたちに30秒スピーチを要求し、練習させていた。

「たかが30秒、学校でできると思ってはいけませんよ。必ず家で練習してきなさい。」

新しい学年が始まったばかりの、4月9日の指導である。

(7) モノを準備せよ

欧米ではShow and Tellといって、ものを見せながら話をするのがスピーチ指導の出発点である。向山氏の指導にも「作った作品を見せながら話をさせる」など、これを応用した場面が出てくる。

(8) 場数をふめ

いろいろなところで、人前でスピーチしてみる経験が必要だ。どんなに練習しても、そのような「場数」を通ってこなければ、人前で何かを話すということは上達しない。

子どもたちも同じである。向山氏の演劇指導で「どの子も舞台に立たせて台詞を言

わせる」のも同じだ。

(9) F表をクリアせよ

　紙を見ない。自然な立ち位置。そして適切な声。このような項目を「上の人にみてもらう」ことが大切だ。自分では自分の欠点はなかなか見えない。
　そして、「子どもたちへのスピーチ指導」も、すべて、以上の項目と全く同じである。

F表

1	子どもの前で自然に歩ける
2	紙を見ないで授業ができる
3	声が自然に出ている

6　たった一文字にこだわらせ、言葉の面白さを楽しく教える授業例

(1) 教科書どおりに教える導入

　授業を「五色百人一首」のゲームから開始した。
　私が選んだのはピンク札である。楽しく一回戦が終わった。
　国語の教科書を開かせた。学校図書の23年度版に「言葉から風景を想像しよう」の教材がある。百人一首を扱ったものだ。
　その最初のページには、次のようにある。

> 「百人一首」にあるような歌の形を「短歌」といいます。五・七・五・七・七の三十一音のリズムで表現されます。

　私はこの部分を音読した。子どもたちにも読ませた。
　「五・七・五・七・七の三十一音のリズムで表現されるんだね。」
　念のためこのように確認し、教科書の最初に出てくる短歌をみんなで読んでみた。
　指を折らせながら、数えさせたのである。

> 田子の浦に　うち出でて見れば　白妙の

> 富士の高嶺に　雪は降りつつ

　子どもたちは「？？？」となる。この歌は「六・八・五・七・七」の「字余り」だからだ。むろん、私は分かっていて、あえてこのように展開したのである。
「こういうのを『字余り』っていうんだね。いい勉強ができたね。」
と言いながらも、
「五・七・五・七・七を説明して、最初に出てくる歌だけは、できれば字余りじゃないのにしてほしかったよね。」
とも言っておいた。
　原理原則の第一は、教科書どおりに教え、教科書のいわば「不備」をつき、それを逆手にとって楽しく展開することだ。

（2）言葉の面白さを取り上げ、「作業指示」によって組み立てる

　ピンク札を選んだのには理由がある。百人一首の中にある言葉の面白さに触れたかったからだ。次の歌を提示した。

> 雪ふれば
> 　木毎（きごと）に花ぞ　さきにける
> 　　いづれを梅とわきて折らまし　　　　　　（紀友則　古今集）

　実際には縦書きである。何度か読ませたあと、発問した。
「この歌の中に『漢字の言葉遊び』が隠れています。見つけた人は線を引いてもっていらっしゃい。」
　4年生の子どもたちである。なかなかわからなかったが、何度も何度も持ってきては挑戦した。「木＋毎＝梅」という漢字の部品を離したり合わせたりして遊ぶ言葉遊びである。
　ある子が正解を発表すると、ため息が漏れていた。
「これと全く同じタイプの『言葉遊び』がピンク札の中にあります。グループで探してごらんなさい。」
　百人一首の取り札はひらがなで書かれているので子どもたちは苦戦したが、やがて見つけた。
　もちろん「吹くからに秋の草木のしをればむべ山風を嵐といふらむ」である。
　原理原則の第二は言葉の面白さを取り上げ、それを「作業指示」によって組み立て

ること。

（3）言葉の検討をいざなう発問をする

> 『田子の浦に』を『田子の浦へ』のように一文字変化させるとどんな情景になりますか。この一文字だけを、いろいろと変えて書き直してごらんなさい。

　この発問は、盛り上がった。次から次へと意見が出て、爆笑につぐ爆笑の展開となった。
　「田子の浦か」「田子の浦と」「田子の浦ね」「田子の浦め」「田子の浦にゃ」「田子の浦きゃ」……まだまだ出たが省略する。
　いずれも子どもたちなりの理屈がある。

> この歌は、もともと『田子の浦に』ではありませんでした。万葉集では別の一文字だったものを、新古今和歌集に入れるときに変えたのです。もともとは、どうなっていたと思いますか。

　子どもたちがありったけ考えた「田子の浦〜」の中にはそれはない。「田子の浦ゆ」だからだ。この答えを聞いて、ほとんどの子どもは「田子の浦湯」と解釈する。それもまた爆笑の展開になる。これが「田子の浦から」という「経由」の「ゆ」であることを説明した。
　教室は少し知的な雰囲気になる。原理原則の第三はたった一文字にこだわらせること。第四は多様な意見をすべて認めること。

> この歌で富士山は見えていますか。見えていませんか。

　最初はほとんどの子が直感で「見えている」という。「富士山の頂上に雪が降っている時に、富士山が見えるというのですね？」とゆさぶると意見は真っ二つに分かれる。
　「見れば」「白妙」「高嶺に」「つつ」等が検討されることになる。
　原理原則の第五。言葉の検討をいざなう発問をすること。

7 『話す・聞く』スキルの方法で子どもたちが熱中する授業例

教科書をそのまま読ませる。次の会話文である。

> ひとみ「今日、はじめて25メートル泳げたよ。」
> たかし「そう。それは、よかったね。」

教師が一度読んでやる。子どもにも読ませる。1～2回程度でよい。

教師がひとみさん、子ども全員がたかし君になってやり取りをする。これも1～2回程度。さらに役割を交代して1～2回。

二人組でこの会話をさせる。1～2回。

ここまでが第一段階。1分程度だろう。

次に列指名しながら、一人一人に順に言わせる。その際、次のような条件を付け加える。

> ①できるだけ明るい声で言ってね。

そう言って、教師が最初の子に向かって
「今日、はじめて25メートル泳げたよ」
と言う。
子どもが、できるだけ明るい声で、
「そう。それは、よかったね」
と言う。
これを、条件を変化させながら、次々に繰り返す。

> ②できるだけ低い声で
> ③大きな声で
> ④すごく小さな声で
> ⑤めちゃくちゃ早口で
> ⑥ゆーっくりと
> ⑦「そう？」と疑いながら

⑧「そう」の後で５秒以上あけて

　スピード感が大切だ。指名した子どもの様子や、教室の反応を見ながら、言葉を巧みに変化させ、次々に条件を提示していく。教室は爆笑の展開になる。
　もちろん、全部ほめる。

今のように変化させながら、二人組でいろいろ練習してごらんなさい。

　上手なペアを指名して実演させる。ここまでが第二段階。
　お分かりのように、これはすべて「音声的」なメッセージを加えたということだ。例として８つ挙げたが、いくらでも増やすことができる。
　「どんな気持ちがした？」などと聞きたくなる場面だが、そのような発問はむしろしない方がいい。
　また列指名にもどる。今度は付け加える条件を次のように変化させる。

①相手の目をじーっと見ながら
②あっちの遠くを見ながら
③すごく笑顔で
④しかめっつらで
⑤両手を上にあげながら
⑥後ずさりしながら
⑦首を横に振りながら
⑧肩をポンとたたきながら

　同じく、二人組でいろいろと練習させる。これはすべて「身体的」なメッセージだ。

ひとみさんの言い方も同じように変化させてごらんなさい。

　１分くらい練習させる。
　とりわけ楽しそうなペアや、とりわけ奇抜なペアなど、数組を選んでみんなの前でやらせる。
　そして、教科書に戻る。

> ひとみ「音楽室にノートをおきわすれていたよ。」
> たかし「助かった。ありがとう。」

> ひとみ「私が言ったこと、まちがっていたかな。」
> たかし「そんなことないよ。」

など、いくつかの会話が出ている。

好きなものを選ばせる。

> できるだけいろいろなパターンで会話してごらんなさい。
> ３種類以上できたら、先生のところにおいで。

　来た子たちから、教師の前でやらせる。簡単にコメントしてほめる。上手なペアは再度みんなの前でやらせてもよい。

　今回登場したこの単元は「アサーション」という概念が導入されているという。

　相手の気持ちに配慮しながら、自分の意見や気持ちを表現するためのスキルだ。

　TOSSの授業では、これまでにも「話す聞くスキル」のような教材の指導で、こうしたタイプをたくさん扱っている。TOSSデーなどで学ぶとより分かりやすくなるだろう。

　※なお、新学習指導要領には、〔言語事項〕という言葉はない。〔伝統的な言語文化と国語の特質に関する事項〕に変わっている。

8 教材の持つ力に、指導技術、指導技量、そしてシステムを加える

（１）詩文を暗唱させる場面

　子どもたちに詩文を暗唱させる場面を取り上げてみよう。

　三連程度の普通の長さの詩だとする。何も見ないですらすらと言えるようになった状態が合格である。

　最初は音読をさせる。音読のさせ方だけで10も20もの変化形があるが、ここでは

描く。
　覚えさせる場面である。
　「覚えましょう。」と言うだけで、覚えるはずがない。スモールステップにしなければだめだ。
　例えば、全員立たせて次のように指示する。

> 最初の二行だけ言えたら、すわりなさい。

　「覚えたら」ではない。「言えたら」と意図的に言ったのである。
　よほど特殊な事情がない限り全員言えるはずだ。そこで教師はにこにこしながらほめる。
　「すごいね。みんな言えたね」
　また立たせて、次のように指示する。

> 最初の一行だけ、見ないで言えたらすわりなさい。

　このように指示をほんの少しずつ変化させながら、ほめ続けるのだ。
　ほぼ全員が二行を覚えたら、次のように言う。

> この二行を覚えたかどうか、テストしてあげます。
> テストを受けたい人、立ちなさい。

　「立ちなさい」と言って、数名が腰を浮かした瞬間に「ストップ!」という。
　すぐに立った数名に言わせていき、どんどん「合格!」と言ってあげる。もちろん「不合格」でもかまわない。厳しく評定していい。厳しく評定していいが言い方は優しい。「残念、不合格だね。また明日できるからね」のように言えばいい。
　「合格」と言われた子どもは、その二行の上に○を書かせる。

(2) 教材の強さだけでは授業にならない

　「授業力」には様々な要素がある。第一に教師の指導技術である。
　右に取り上げた例では、「スモールステップにする」「一行〜二行だけ覚えさせる」「その場で評定する」などの技術が使われていた。
　第二に教師の指導技量である。

文字ではわからない「スピード感」「教師の笑顔」「柔らかさ」「声のトーン」などが、その指導の効果を大きく左右する。
　第三にシステムである。
　たった二行の暗唱テストをし、○をつけさせただけだ。しかし、子どもたちはこれで「詩文の暗唱の授業」の基本システムを通ったことになる。
　これを変化させながら繰り返すうちに、教師の指示がほとんどなくても、子どもたちが暗唱できるようになっていくのだ。
　百人一首、いろは歌、五十音図、短歌、俳句、言葉遊び歌……
　100年、200年、あるいは1000年、2000年にわたって、こうした伝統的な言語教材は私たちの祖先から受け継がれてきた。
　それだけの時間を生き抜いてきた教材そのものの持つ「強さ」が伝統的な教材群の中には内包されている。それは間違いない。
　だから「いろは歌」も「五十音図」も「短歌」も「俳句」も、すべて教材としては超一級品である。
　超一級品の教材には、声に出して読むだけで人をひきつける力がある。
　超一級品の教材には、まだまだ無限の教材研究を可能にする力がある。
　しかし、「授業」となると、話はまた別なのだ。
　例えば「百枚の百人一首」を教えたら、普通はだらだらと一時間くらいかかる。
　しかし、向山学級では子どもたちがまったく飽きない。毎日やっても面白い。
　その違いこそが「向山型の授業設計」である。それは「教師の技術」と「システム」と「教師の技量」があって成立する。
　4人のリーグ戦方式。リーグの入れ替え。一字決まり。お手つき。札の並べ方。覚え方。
　こうした方法を教える技術を持ち、全体が流れるような仕組みをつくることが「システム」である。
　伝統文化の持つ「内容」ではない。
　向山氏が組み立てた「システム」とそれを教える「技術」こそが、知的な面白さを倍増させるのだ。
　読むスピード。緩急のコントロール。教師の目線。次の札に進むタイミング。
　こうした「微調整」の対応が「教師の技量」である。
　伝統文化の持つ「内容」ではない。
　向山氏の技量が作り出す空間の心地よさやスピード感が、知的な面白さをさらに倍加させるのだ。

実は、「いろは歌」の授業も「俳句」の授業もみんな同じである。
その教材の持つ強さだけでは授業にならない。向山氏の発問だけを真似てもやはりうまくいかない。「指導技術」と「システム」と「指導技量」。それらをセットで勉強する必要がある。

9 表現力を高めるために「子どもたちを変化させる」手立て

（１）グループで活動させる場合の基本的な指導

授業を参観した。
単元は「低学年に学校を紹介するPRビデオを作ろう」である。
台本を作ってPRビデオを撮影するのだ。当然「表現力」を高めることはねらいの一つだろう。グループで相談して企画書をまとめるのだから「思考力」「判断力」を高めることもねらっているだろう。
「グループで企画書をまとめる」のが本時の場面だった。
授業の冒頭。教師が何点かの確認をした。その後、およそ30分間のグループ活動が続いた。子どもたちは活発に活動した。基本的には良い授業だった。
私はいくつかのポイントに絞ってコメントをした。
その中から、ここでは「グループで活動させる場合の基本的な指導」についてのべる。

次の4点を明確にすることが大切だ。

①活動のゴールを明確にする。
②どこまでできたら教師のチェックを受けるのかを明確にする。（量のチェック）
③何時になったら活動を中断するのか明確にする。（時間のチェック）
④全員を個別にほめる手立てを明確にする。

（２）活動のゴールを明確にする

「どのような状態をめざしているのか」を明確にしなければならない。
「企画書」だけでは曖昧だ。「一目でわかるような企画書」のほうがまだいい。「先生が持ってきたお手本を超える企画書」でもいい。いずれにしても子どもたちの発想

がもっと豊かになるような言い方が必要だ。

（3）どこまでできたら教師のチェックを受けるのかを明確にする

　活動させっぱなしでは子どもたちは変化しない。一見活発に活動しているように見える。しかし、この活動でどんな表現力が高まったのか。高まったとしたらどのグループのどの子どもか。そのようなことが曖昧だ。

　「最初のPRのアイデアが決まったら、4人そろって先生のところに来なさい」のように「チェックポイント」を決めておくのがよい。その際、教師は「合格・不合格」「10点満点の何点」などを明確に告げる。合格のグループは続きをする。このような評定ができるためには、教師に能力が必要だ。よい企画書のイメージを持っていなければならない。その場で瞬時に合否が言えなければならない。

　参観した授業では、「発表する児童に偏りがある」ことを指導案の「児童の実態」に挙げていた。ならば、それを克服する指導もなければならない。4人そろってきたときに、「全員が意見を言いましたか？」と尋ねるだけでいい。言っていなければ「全員が意見を言ってからもう一度いらっしゃい」と指示する。全員が言ったと子どもたちが答えたら、「○○さんは何と言いましたか？」と数名を確認すればいい。

（4）何時になったら活動を中断するのか明確にする

　活動の早いチームも当然ある。そのチームには「PRビデオの最初の15秒の台本を作りなさい」と次の活動を指示する。「15秒」がポイントだ。時間を極端に短く限定するから子どもたちは集中するのである。それに15秒でつかめないPRビデオなど、つまらないに決まっている。

　それも合格した場合には「その15秒だけ練習しなさい」と言って実際にセリフの練習をさせる。台本の続きを書かせるのではない。冒頭だけを先に練習させるから子どもたちはイメージがわかるのだ。

　それも「できました」と来る班がある。その場で教師の前でやらせる。やらせたら数秒でストップをかける。声が小さい。テンポが悪い。笑顔がない。冒頭に微かな空白がある…等々を一つだけ指摘し、「やり直し」と言えばよい。子どもたちはさらに意欲的になる。何度も何度も練習してくる。この様子は、まだ企画書を作っている途中の班の目にも入る。自分たちも早く練習に入りたいというムードになる。

　数班がこの状態になったあたりが時間の目安である。「あと2分で終了します。」とハッキリと告げる。当然のことだが、時間になったら途中でも中断させなければいけない。

通常は持っているものを置かせ、全員を立たせ、教室の前方か中央に集めるのがよい。グループで相談するときの教室の机の配置をあらかじめ壁に寄せておくとよい。教室の中央が広く空く。15秒の練習をしていたチームにその場で発表させるのである。
　それをみんなで見ながら、教師がコメントをする。
　この場面は爆笑につぐ爆笑である。
　その後「数分」をとって、再度練習させたり、企画書を手直しさせたりする。この数分で大きく変化する場合もある。

（5）全員を個別にほめる手立てを明確にする

　グループで活動させていても、必ず「個々の子ども」がほめられることが大切だ。上記のグループ発表の場面はそのチャンスである。ただし「企画書」を書くことが目標だったのだから、全員のノートを一度は持ってこさせる必要がある。持ってきた意見をほめ、その上でグループで発表させるのである。
　「思考力・表現力」を高めるための授業力とは、こうしたポイントを具体的な場面で使いこなす力だと考える。

第3章

どの子も熱中する
算数授業の基礎・基本

1 教室に歓声があがる、自己肯定感を高める算数授業

(1) 向山型算数の授業は教室に歓声があがる

　向山型算数の授業は、なぜ「教室に歓声があがる」のだろうか。なぜ「どの子も熱中する展開」になるのだろうか。
　それは、単に教科書を教科書通りに教えているからというだけではない。
　それは、例えば次のような条件を満たしているからである。

1　趣旨説明
2　個別評定
3　瞬時の組み立てと対応
4　知的な問題

　そして、これらのすべてが、結果として次のことにつながっているからだ。

「自己肯定感」を高める授業の実現

　身につけるためには、ちょっと本を読みかじったくらいではだめだ。
　深く読み込み、正確に追試してみる。
　セミナーでライブを体感する。
　向山氏の行為の裏側にある思想にまで踏み込むのでなければ、とうてい近づくことはできないだろう。

(2) 4年生に向山氏が教えた最初の算数の授業

　1982年4月9日。
　4年生に向山氏が教えた最初の算数の授業。
　学級通信の記録では、それは「1から50までの足し算」をさせることであった。
　問題を出した後、向山氏は次のように子どもたちに「趣旨説明」をした。

答えはどうでもいい。

答えはどうでもいいのである。
　つまり「答えが間違っていても、関係ない」ということだ。この問題を追試した先生方も多いだろう。このフレーズを正確にトレースしていただろうか。

> 考え方を見る。

　見るのは「考え方」である。子どもたちは、したがって「考え方」が先生に伝わるように書かなければならない。

> いろいろなやり方でやりなさい。
> 頭を使って工夫する頭脳派、
> とにかく計算していく体力派、
> どれでもいいのです。

　どちらも「価値は同じである」ことを言わなければならない。
　持ってきたノートに向山氏は「A・B・C」等をつけて「個別評定」をする。この評定の基準が極めて重要と思える。その基準は向山氏の学級通信には書かれていない。自分で推定するしかない。ポイントは「頭脳派」と「体力派」の価値が同じという点である。
　それを外した評定をしたら、意味がない。
　向山氏は評定をしながら、その場で数えていたのだろう。「体力派が約25名であった。」と書いている。
　子どもたちは給食時間になっても熱中して解いていたという。向山氏が評定をするたびに、まさに「歓声があがる」状態になっていたに違いない。
　どの子も「考え方」をほめられる。「自己肯定感」が高まる。

（3）向山氏の瞬時の組み立てと対応

　5月になった。算数の教科書の授業である。

> 244549は、およそ何万と言えますか。

　これを子どもたちにノートに書かせ、持ってこさせる。向山氏は、おそらく机間巡視の時点で傾向をつかんでいたのだろう。持ってこさせたノートにすぐには〇をつけ

ない。
　子どもたちの答えの分布をみて、その場で組み立てを変えるのである。
　子どもたちの答えは四通りあった。
　これを板書させる。

```
松崎案　24万
柳井案　25万
安生案　20万
坂口案　24万5千
```

　この中で本当に間違っているのは坂口案だけである。まず教師にそのことがわかっていなければならない。
　25万はもちろん正解。
　24万は「切り捨て」だからあり得る。
　20万は「何十万か」の答えにもなるから、「八割正解」だと向山氏は解説する。
　重要なのは「坂口案」にどうコメントするかである。
　何万かという問いだから、「千」をつけてはいけない、と単に解説しただけでは坂口案が生きてこない。
　向山氏は次のように言うのである。

```
24.5万という言い方なら正解だ。
```

　「そんな言い方もあるのか」と、みんなの勉強になる。これで坂口案がヒーローになるのだ。誤答をしてもヒーローになる。
　これが「瞬時の組み立てと対応」である。
　ここでも「自己肯定感」が高まる。
　こうした要素に加えて、向山氏が教室で出題していた「知的な問題群」がある。向山氏が提出しているような問題を、私たちも開発する努力をしなければならない。

2 4月に最優先で身につけさせる。「写す」と「×」の二つの学習習慣

(1) 写すのもお勉強

　4月最初に最も徹底させたい学習習慣は「写すのも勉強」ということである。

　「お手本」を写し、それをもとにして「お稽古」をする。小学校で習得するような基本的な学習内容については「お手本とお稽古」が学習方法の基本である。

　算数ではそれが教科書の「例題」を教え「練習問題」で練習させるという学習方法なのだ。

　「答えを写していたら勉強にならない」

　「まず自分で考えさせることが大切だ」

　などと今だに言う指導主事や校長がいるらしい。とんでもないことだ。

　私は多くの学校で飛び込み授業をさせていただくが「算数大好き」という子どもたちにあまり出会わない。

　例題の解法を教えもしないで「自分で考えろ」と言われ、どうしていいかわからずにぼんやりしていたら叱られる。それは嫌いになって当然だ。

　向山氏は算数の時間にしばしば言っていた。

　「写すのもお勉強のうち。一番悪いのは何にも書いていないことです。」

　この言葉とその趣旨を繰り返し繰り返し子どもたちに言い聞かせる。「写す」ことを習慣として身につけさせることだ。

　校内には次のような文章を引用して提案することが大切である。

　第一に子どもの事実。

　「『自分で考えて行動しろ』と言われると、何をすればいいか分からなくなる。」

　「グループ学習はさっぱり分からない」

　これは発達障がいの児童本人の訴えである。(『発達障がい児本人の訴え』(東京教育技術研究所)

　発達障がいの子でなくても、習ってもいないことをいきなり「自分で考えろ」と言われればとまどってしまう。

　この本を書いた「龍馬君」の訴えは、すべての教師が読むべきものである。

　第二に多くの識者の声。

まず、「神戸市文章題の会」で活躍された『文章題指導の定石』で有名な石田一三氏。

> 分からなければすぐに教えなければならない。『あなたの考えたことを式に書くとこうなります』と書いてみせる。子どもはそれを見て、この次にそれを真似て書く。

次に埼玉大学の教授で著名な数学者の岡部恒治氏。

> 「まねをすることによって、何が大切で何が必要なのか、その本質がわかり、次のステップに進むことができる。最初はわからなくても、繰り返しまねをするうちにだんだん理解が深まっていく。分数の割り算についても、その理屈は高校生くらいになってわかってもいい。」(『数学脳をつくる８つの方法』)

こちらも著名な数学者で早稲田大学の柳谷晃氏。

> 算数は理屈ではない。こういうときはこうしなさい、そんな解決方法の集まり。暗記は大切。わからないものを長い間考えない。答えを見て、わかることも大切です。(『そうだったのか「算数」』)

さらに国民的ベストセラー『頭の体操』の著者で心理学者の多湖輝氏。

> わからないときに考えても無駄です。どんどん正しい答えを見て覚えてしまったほうがいいのです。(『学習力は丸暗記でつける』)

紙幅の都合上いずれも正確な引用ではないが、その意味は伝わると思う。ご自身で原典にあたっていただきたい。

(2) 間違えたら×をつける

次に徹底させたい学習習慣は「間違えてもいい」「間違えたら消しゴムで消さないで×をつける」ということである。

> 「間違えたら消しゴムで消さないで、大きなバッテンをつけなさい」

> 「消しゴムさえ捨ててしまえば、3ヶ月後には見違えるように成績があがる」

　これは「日本のロケット開発の父」と言われた糸川英夫氏の言葉である。（『糸川英夫の頭を良くする法』）

　私も「×は宝物だ」「一個百万円だ」などと言って、子どもたちに間違いを消さないように繰り返し指導していた。

　消しゴムで消しているとノートはかえってぐちゃぐちゃになる。自分の間違いが消えてしまうので、同じ間違いを何度も繰り返す。いいことは一つもない。

　教師も子どもたちのノートにハッキリと×をつけてあげることだ。その上できちんと直させ、また持ってこさせて、全員のノートに○をつけてやるのである。その際「写すのもお勉強のうち」を必ず言ってやること。

　きれいな×をつけて、その横や下に正しい答えが書かれているノートは美しい。記憶にも圧倒的に残りやすい。

　これと「向山型の教科書チェックシステム」を併用すると、子どもたちの学力はぐんぐん伸びていく。

（3）赤鉛筆・ミニ定規など

　身につけさせたい大切な学習習慣は、他にもたくさんある。

---

①授業では「赤ペン」ではなく、「赤鉛筆」を使わせる。
②線はすべて「ミニ定規」でひかせる。
③ノートには「日付とページ」を書かせる。
④ページは赤で囲ませる。
⑤ノートの余白はたっぷりととる。
⑥問題が変わったらノートも新しいページから使う。
等々……

　これらにはすべて意味がある。
　教科書を教えながら、こうした学習習慣を、同時並行で上手に身につけさせていくのが4月の算数授業の中心だ。

3 "授業開き"プロは教科書をこう使う

(1) 学習の方法を教える

　学年最初の算数の授業。
　基本的な学習の方法を教えていかなければならない。
　最重要なのは「ノートの使い方」である。

　ノートを開きなさい。
　今日の日付が書けたら、持っていらっしゃい。

　６年生であってもこうして点検する。
　日付のような簡単なことだからこそ、全員に書かせ、全員を点検し、全員をほめることができる。
　丁寧に書いていない者には書き直しを指示し、できたらすぐにほめる。
　日付のような簡単なことだからこそ、例外をつくることなく、全員を「詰める」ことができるのだ。
　次にページの書き方を教える。
　東書の「６年上」の最初のページを例にとろう。

　教科書を出しなさい。
　２ページを開きなさい。

　ノートに p.2 と書きなさい。
　このように赤鉛筆で囲みなさい。

　板書で例示し、赤鉛筆でページを囲むことを教える。
　その際、必ず趣意説明をする。
　教科書の問題を、全部きちんとノートに解いていることが力をつけること。
　後で振り返ってノートチェックをするときにページを探しやすいこと、等である。

> 「どんな数がならんでいるかな？」の下。
> 左ページは2、4、6、8、10で偶数。右ページは3、5、7、9、11で奇数ですね。
> ノートに写しなさい。

既習事項だ。簡単に進む。

> その下にかけ算の九九表があります。
> 九九の答えは81個。
> そのうち、偶数と奇数は、どちらが多いですか。

もちろん偶数だ。しかし、わからない子どもも多い。そこで簡単に作業をさせる。

> 九九の表の中で、偶数を赤鉛筆で薄く塗ってごらんなさい。
> 2の段までできたら持っていらっしゃい。

この時、「薄く」「縁取りをして」「丁寧に」「はみ出さないように」などのことを教え、「塗り方」でABCのように評定する。
　それから続きを塗らせれば、さらに丁寧に作業をするようになる。
　そして、趣意説明をする。
　算数の時間では、このように「赤鉛筆で薄く書く」ことや、「ていねいに○をつける」ようなことが多いこと。そのため、赤ペンではきれいに書けないこと、等である。
　「なぜ、偶数が多いのか」についても扱うが、紙幅の都合上、ここでは割愛する。

> その横に宇宙人君がいます。
> 宇宙人君の下、3行を一緒に読みます。
> 1日＝24時間
> 1時間＝60分
> 1分＝60秒
> これをノートに写しなさい。
> 四角で囲んでおきなさい。

このとき、当然「ミニ定規」のことを教える。「写すのもお勉強のうち」ということにも触れる。

さて、ここまで教科書の最初のページを簡単に扱いながら、次のような、大切なことを押さえてきた。

1　日付
2　ページ
3　赤鉛筆
4　ミニ定規
5　写すのもお勉強のうち

全員がノートと教科書を教師に見せ、○や評定をもらうという経験もさせた。

（2）知的な授業で逆転現象を

ここまでで、ほぼ基本的なことはよい。

しかし、せっかくの最初の授業である。

もう一歩、踏み込んでおきたい。

教科書のこのページでは、12進数と60進数、そして九九表とカレンダーだろう。

二進数や三進数を楽しく教えた上で、古代バビロニアでどのように12進数と60進数が用いられてきたかということ。数発生や0の発見と位取り記数法。0の意味。さらには「月の満ち欠け」や「十二支」「陰陽五行思想」にまで触れたいが、ここでは割愛する。向山氏の「スナイパー」「エトランゼ」等の学級通信にあたっていただきたい。

九九の表とカレンダーでは、「ひみつ」をたくさん探させればよい。子どもはたくさん見つける。多くの場合、勉強のできない子のほうが、発想の豊かなアイデアを出す。

ノートに書かせ、持ってこさせ、すべて認め、ほめてやればよい。

カレンダーの授業では、井上好文氏（TOSSランド1125044）や関家千恵氏（同7154483）の報告を参考にするとよい。

さらに一歩進めて、カレンダーを使った魔法陣のひみつに触れ、終了する。

ポイントは教科書を活用し、作業をさせ、学習の方法を教えること。

そして、さらに知的な学問の香りのする世界へと誘うことである。

4 「見えないものを見えるようにする」向山型ノート指導の特徴

(1) 向山型で指導されたノートの8つの特徴

下は4年生のノートである。

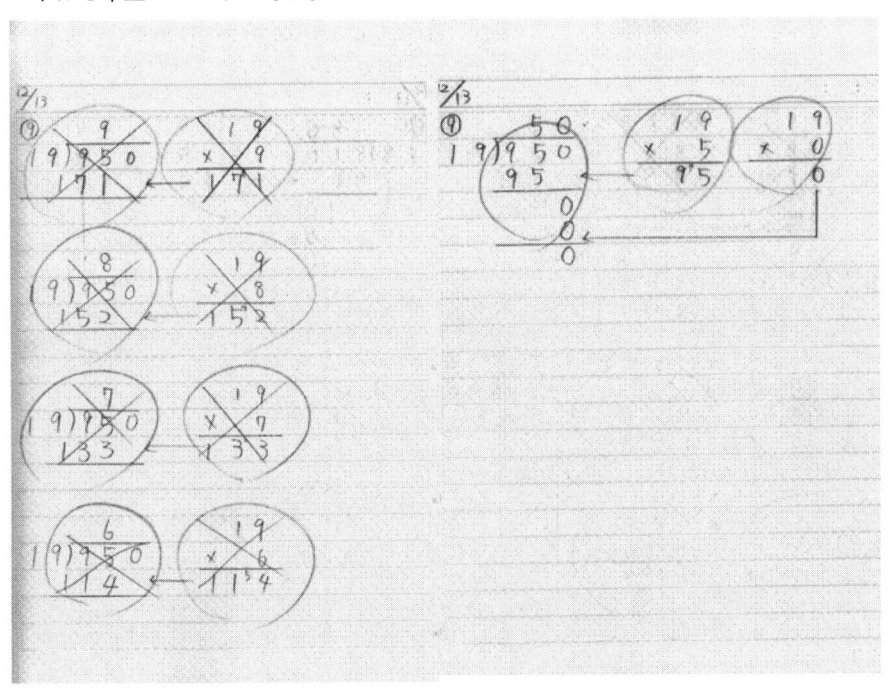

「見当をつけた商のなおし方」を学習した時の練習問題だ。

習った通りにやれば、9と1で比べるから商は9が立つ。

補助計算をして171になるから引けない。そこで×をつけてやり直す。商を一つ小さくして8を立ててみる。このようにして4回やり直した後、正しい計算になった時のノートだ。

このノートには、どのような特徴があるだろうか。

第一に、字のていねいさである。

急いでいる感じや雑な感じがほとんどない。

第二に、定規で引かれた線である。

日付は12月だ。定規で引くことが既に習慣となり、自然に身についたような雰囲

気になっている。

第三に、補助計算である。

全部に補助計算が書かれているのはもちろん、19×0の補助計算まで、きちんとやっている。

第四に、○のつけ方である。

一つひとつ全部にきちんと○がつけてある。

「×をつけてやりなおしたもの」にも、「補助計算」にも、全部である。

ここではやっていないが、○の数を数えて110点と書かせたり、時間調整としての「花まる」を書かせる場合もある。

第五に、余白である。

それぞれの間には2行の余白がとってあり、すっきりしていて後から見てもわかりやすい。

第六に、改ページである。

この1問で見開き2ページを使っている。⑩番の問題は、次のページから書き始めているのである。もしこの続きから詰めて書き始めたら、⑩番はノートの途中から始まって、途中で終わることになる。後でその問題を探しにくい。

なにより、美しくない。

第七に、経過が目に見える点である。

一つ一つの計算経過が残っていて、後からみてもその意味が視覚的にわかるようになっている。これが勉強のできない子にも助けになるのだ。

そして、第八に、素直さである。

習った通りに、繰り返し商の立て直しをしている。この子は、クラスでも勉強がよくできる子だった。「950÷19」を「1000÷20」として見当をつけ、5の商を最初から出すことも、この子なら無理なくできただろう。19×0の補助計算を省略することもできただろう。

しかし、教わった通りに、素直にすべての作業をやっている。

以上、ここに挙げた8つの特徴は、向山型のノート指導に共通するものだ。

丁寧で、見やすくて、習った通り素直に書かれた、実力が身につくお手本のようなノートである。

この子のノートは年間で11冊になった。

もっと多かった子は12冊。一番少なかった子でも8冊である。

(2)「見えないものを見えるようにする」ノート

　向山型のノート指導には、どの子も勉強ができるようになるための原理がある。

　その基本は「見えないものを見えるようにする」点である。

　教師が何かを提示して見せるのではない。

　子どもが自分のノートの上で、自分で作業をすることによって、見えなかったものが見えるようになる。だから勉強の苦手な子も力がつくのだ。

　下の5月のノートをみていただきたい。

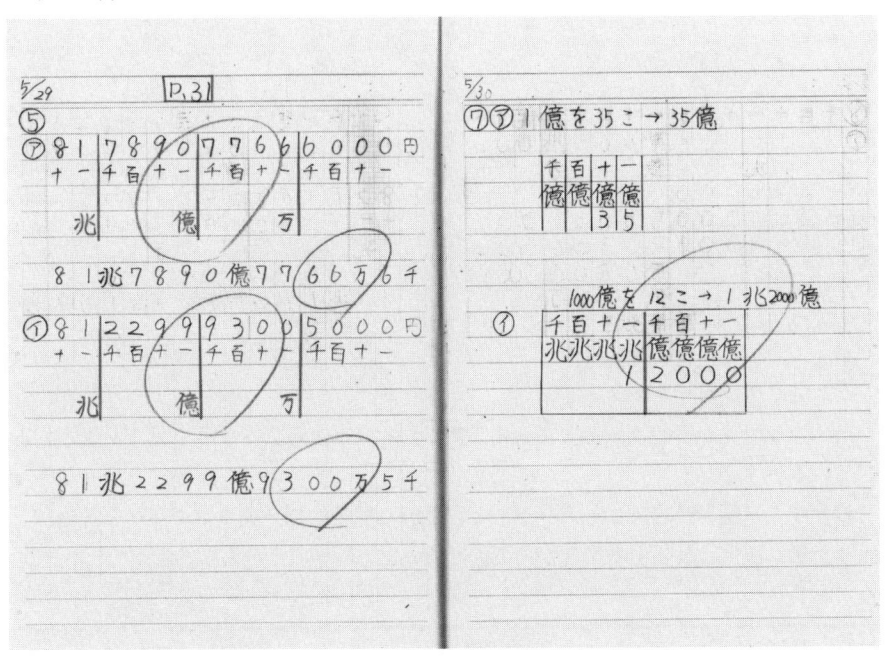

　4桁ずつ区切った線。これだけで位取りがわかりやすくなる。

　「一十百千」や「万億兆」などの書き込み。これで読み間違いが激減する。

　次の11月のノートは概数の学習である。

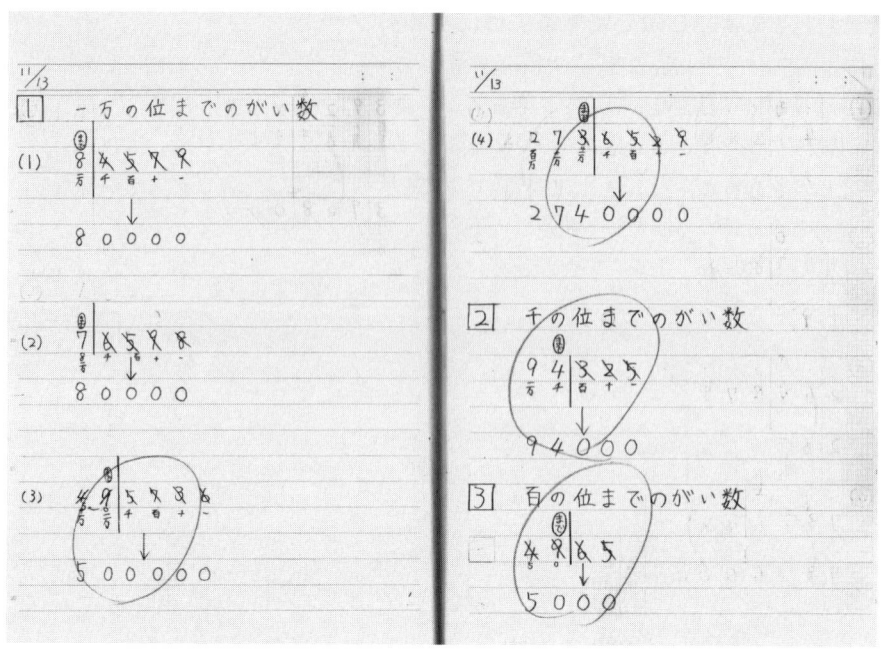

これも原理は同じである。

「までくん」「4桁の補助線」「矢印」などすべて「見えないものを見えるように」しているわけだ。

おそらく、視空間的スケッチパッドと言われる視覚的なワーキングメモリの保持を助けたり、強化したりする働きがあるのだろう。

5 「算数の言語力・表現力」向山実践から「基本概念」指導のコツを学ぶ

(1)「算数の言語力・表現力」を鍛えるポイント

「算数の言語力・表現力」を鍛えるポイントは、次のことに尽きる。

> 「基本的な概念」を子どもたち自身の考えで表現させること。

基本的な概念とは、「面積」のような基本用語、当たり前の概念のことである。
ただし、「面積とはなんですか」のように抽象的なことを安易に発問してもだめだ。

向山氏の授業を追試し、そのコツを学ぶのが一番よい。
向山氏は、授業の冒頭で次のような発問をすることがある。

> ①円の面積の求め方を、円周・半径という言葉を使って出しなさい。
> ②6平方センチメートルとは、どういう意味なのですか。ノートに書きなさい。できた人から持っていらっしゃい。
> ③今まで勉強した方法を応用して、次の台形の面積を何通りかの方法で出しなさい。
> ④80円を20円ずつ分けると何人に分けられますか。自分でやり方をかいてください。式でかく。図でかく。イラストでかく。言葉でかく。どれでもいい。

これらの発問は、いずれも難しい。
多くの場合、子どもたちは答えられない。
「何人かの子はしばらくの間ぽかんとしていた」と向山氏は書いている。
塾で公式を習った子や中学受験の準備をしていて、既にやり方を知っているような子たちは必ずとまどう。
なかなか正解できないのだ。
しかし、なぜか教室は熱中状態になる。
子どもたちは集中し、頭を振り絞って考え、何度も書き直し、そして満足感に浸る。

（2）向山氏の4つの指導場面から「コツ」を抽出する

向山氏のこれら4つの指導場面から学べるコツを、順に述べる。
コツの第一は「場面を具体的にイメージさせている」ということだ。
たとえば①の発問の前には次のように場面設定をしている。
「10年前の教え子がね、棒のまわりにテープを巻いていって円をつくったのです。横から見ると円です。」
それから、このテープを切って三角を作る作業を描写的に語っている。（詳細は向山洋一全集の24巻をご覧いただきたい。）
コツの第二は「子どもがとまどう」ような形での向山氏の問題の出し方だ。
たとえば②の発問では、黒板に長方形をかき、「6㎠」と記入したうえで、「6平方センチメートルとは、どういう意味なのですか。」と発問している。
これは「ひっかかりやすい問い方」なのである。子どもたちは次のように書いて持ってくる。

> 「正方形の面積」「長方形の面積」
> 「高さ×底辺」「たて×よこ」

　もちろん全部×である。(この場面の詳細は「教室ツーウェイ」の92年12月号に出ている。参照されることをお勧めする。)
　コツの第三は、「考えるための足場を示唆している」点だ。
　③の発問の前には次のように言う。

> 君たちは今までに四角形の面積の出し方を習いました。そして、四角形の面積を使って、三角形の面積を出す方法を考えだしました。今日は、台形の面積の出し方を勉強します。

　そして上底が3cm、下底が6cm、高さが5cmの台形を板書する。
　その上で「何通りでもいいのです。多い方がいいのです。」と念を押している。
　コツの第四は「多様な解を認め、意味付けしている」点だ。
　④の発問では、持ってきた子にそのまま板書させ、自分で説明させている。
　①の「6㎠」では次のような解も登場する。

> りんご五つとみかん一つ分の広さ

　向山氏は、こういう答えが大好きだ。
　全員に読んでやり、爆笑を誘い、その上で次のようにほめるのである。

> これは50点です。考え方は、こちらの方がいい。100点の人、そうでしょう？

　すでに100点をとった子たちが、大きくうなずき、「この答えの方が、他の人よりもいい」と言う。
　まだ×の子たちに波紋が広がるのである。
　正解はもちろん「1㎠六つ分の広さ」だ。
　コツの第五は「個別評定」だ。
　①の発問では、子どもたちは次々にノートを持ってくる。向山氏は全部×をつける。繰り返し持ってくるがみんな×である。正答を書いた子は飛び上がって喜ぶ。

②の発問では、最初にノートを持ってきた子が「よし、No.１」と力強く言われ、教室がどよめく。
　こうして「基本的な概念」を自分で表現できるようになった子どもたちは、その基本原理を使った基本問題などは、すぐに正解できるようになる。なぜ正解できたのかも、自分の言葉で説明できるようになる。

6 ノートをきちんと書けない子。プロは最初の指導から違う

　ノートを丁寧に書かない子がいるという相談を受けることがある。
　向山型で教えているのに、どうしても乱暴に書いてしまうというのだ。
　それは、おそらく向山型ではないからだ。
　向山氏のノート指導は、単に形式を教えるだけではない。刻々と変化する子どもの状態を見て取りながら、瞬時に適切な対応を向山氏はしているのである。

（１）向山氏の「ページと日付」の書き方を教える指導
　４月の一時間目。向山氏は「ページと日付」の書き方を教える。

> 最初のページの１行目にページと日付をこう書きなさい。

　最初の時間だから、向山氏もお手本を板書する。ごく普通の指示だ。
　しかし、アマチュアとの差が出るのは、この後からである。
　子どもたちが書く間、向山氏は約32秒待っている。日付とページを書かせるだけなのに、向山氏にしては長い待ち時間だ。
　書かせている間に、おそらく全員の子どものノートを視野に入れたのだろう。つまり30秒でいわば「机間巡視」したのである。そして、指示通りにしていない子を見つける。
　最初の局面だ。これを必ず取り上げておかなければならない。
　複数の子が従っていなかったとしても、この場合に取り上げるのは一人でいい。
　むろん、典型的で、他の子たちにとって参考になるものを取り上げるのである。
　向山氏は竹内君のノートを手にとり、おそらくはみんなに見せながら、こう告げた。

> 向山先生は、このように書きなさいと言ったんじゃないんですよ。

　穏やかな口調だ。表情には笑みをたたえているだろう。しかし「このように」にアクセントがあり、毅然としたムードが感じられる。竹内君はどんなふうに書いたのか、みんなの視線が集まる。
　向山氏はそのまま7秒も待っている。ご自分で数えてみるといい。こうした場面での7秒はかなり長い時間である。
　指示に従うように"まくしたてる"のではない。ゆったりとした間合いの中で、教師の威厳を感じさせている。
　それから次のように語る。

> 竹内君は、上にちゃんと日付があるから、ここに書いたんだろうと思って、気をきかせたんでしょうけれども。
> 向山先生はそのように説明はしませんでした。

　まず竹内君の心理を代弁している。竹内君は「はい、そうなんです」と思っただろう。
　しかし、それは「向山先生が指示したこととは違う」ということをハッキリと言い、次のように続ける。

> 「一行目に書きなさい」と言ったら、言われた通りにします。

　ここまで、竹内君の机のそばで竹内君のノートを持ちながら、全体の子どもたちに指導した場面である。
　このあと、歩いて教卓に戻ってくる。
　戻りながら、優しい口調で次の「趣旨説明」をしている。

> お勉強していてね、途中で終わっちゃう場合があるでしょう。ノートを。そうすると上に書いておくとめんどうくさいんですね。

　これが全体で1分30秒ほどの指導である。

①板書してノートの書き方を指示した。
②子どもたちの書いたものを見て、指示通りでない子たちのノートを見て取った。
③一人の子のノートを取り上げ、指示通りでないことを告げた。
④ゆったりと待って、それをみんなに見せた。
⑤その子がなぜそうしたのかを代弁した。
⑥再度「言われた通りにする」ということを強調した。
⑦なぜそのほうがいいのかを趣旨説明した。

このような指導の手を、その場で繰り出すことができるのがプロである。

(2) 点ではなく線で指導する

ところで、竹内君をはじめ、ノートをきちんと書かない面々は、これで次の日からちゃんと書くようになるだろうか。

そんなわけはない。

向山氏は、この後、何度も繰り返し指導する。

その一回で完璧にするのではない。点ではなく、線で指導するのだ。

向山氏の指導言を数時間分まとめて、いくつかピックアップしてみよう。

①お勉強はねえ、先生が言った通りにすることが大事なんですよ。
②昨日教えた通りに。最初に何を書くんでしたか？
③消しゴム使ったらいけないって言いました。これ書き直していらっしゃい。
④日付は書いてありません。ページも書いてありません。問題も書いてありません。全然ダメです。
⑤ちゃんと、習ったことをきちんとやっていらっしゃい。
⑥汚く書いてあったらやり直し。

子どもが微かに微かに変化するだけでも、時間がかかるものなのだ。その微かな変化の中に教師の膨大なエネルギーが畳み込まれているのである。

7 「指導の言葉を削る」とはどのようなことか

(1)「九割削れ」

言葉を削るとはどのようなことか。基本的なことから確認していこう。

九割削れ

これは向山洋一氏の言葉だ。

言葉が十あったら、その一割を削るのではない。九割を削って一割だけを残すのである。

これが、分かるようで分からない。何度言われても、また余計なことをしゃべってしまう。そこで、私はサークルの先生方に、次のような手順で授業の計画をつくるように言ったことがある。

---
①教師の言葉をゼロにして下さい。

つまり「全部削る」のである。

先生方はびっくりする。

しかし、どうせ九割がいらない言葉だったのだ。一つ一つ削っていたらぐちゃぐちゃになる。ならば、いったん全部捨てた方が早い。

「何も言わないで授業をして下さい。」ということだ。実際にやってもらう。

もちろん、現実には不可能である。

---
②一回だけ言っていいことにします。

そうして再度考えると、「どうしても必要なたった一つの指示」を意識するようになる。

その一つの指示だけで、やはり実際に授業をしてもらう。このようにして、一つずつ教師の言葉を増やしていく。

この手順で、仮に5分の模擬授業だとすると、どんなに多くても教師の言葉を10個以内にする。教師の言葉が20も30もあるのでは、話にならない。

先日、大学の講義で実演した模擬授業を例にとろう。次のような問題である。

> たかしくんは、歩いて学校に行くと12分、走って学校に行くと8分かかります。最初9分歩いてから、残りを走って行きました。走った時間は何分ですか。

この問題の下に、歩いた時の線分図と、走った時の線分図が、二本示されている。授業は、次のようなイメージになる。

> ①先生が読みます。
> ②歩いたときの線分図で9までなぞりなさい。
> ③そこから下の走っているときの線分図まで、縦に線を引きなさい。
> ④そこから最後までなぞりなさい。
> ⑤走った時間は何分ですか。
> ⑥その線分図をノートに写しなさい。

ごく普通に授業をしているだけだが、大学生たちはどよめいていた。
余分な説明を一切していないのに、「できた」からだ。

（2）プロが「無意識に」クリアしている五つの基本事項とは

授業とは、説明してできるようにさせるのではない。どんなことでも、説明を聞いただけで、できるようになることはない。
スポーツの例を考えてみればよい。
どんなに説明を聞いても、野球やテニスができるようになることはない。
教師が具体的に指示をし、自分で実際に活動をし、それを繰り返すからできるようになるのだ。算数でも同じである。
説明を聞いても九九ができるようになることはない。説明を聞いても筆算ができるようになることはない。
自分で声に出してみたり、ノートに書いて練習したりするから、身につくのだ。
したがって、体育の授業における運動量と同じように、算数の授業でも子どもたちが実際にノート作業をするような「活動量」が保障されなければ、絶対に力はつかない。しゃべりすぎる教師の授業では、子どもたちの活動量が少ないから力がつかないのだ。
もちろん、ただ単に教師の指示を少なくして子どもたちの作業量を多くすればいい

のではない。長い単調な作業をさせると子どもたちは集中を途切れさせてしまう。
　まとめると、次のような五点を「無意識に」クリアできるのがプロの指導力としては基本中の基本だ。

> ①一時に一事である。

　一回の指示で二つのことを言ってはいけない。絶対の原則である。

> ②指示の一文が短い。

　通常は一回の指示が10秒以内である。15秒以上の指示は長い。

> ③語尾が明確である。

　これは「作業指示」が明確で鮮明であるということだ。「読みなさい」「なぞりなさい」「線を引きなさい」「写しなさい」……このように、最後までハッキリと言わなければ、子どもたちは動けない。

> ④短い作業が繰り返されている。

　一つ指示して短い作業をさせる。また一つ指示して短い作業をさせる。この繰り返しで授業が構成されている。

> ⑤端的な評価がある。

　できた子に手を挙げさせてほめる。ノートを持ってこさせて○をつける。
　このような短くて端的な評価が必要である。

8 子どもたちの認知パターンを網羅している向山氏の指示とは

(1) 人が情報を処理する時の脳の働きに沿っている指示

> この問題の解き方を、先生が見て一目でわかるように、ノートに書いて持っていらっしゃい。
> 式でもいい。計算でもいい。言葉でもいい。絵をかいても図をかいてもいいです。

向山洋一氏の指示である。
算数の文章問題等で、この指示をすると子どもたちが熱中する。
持って来たノートに25点などと点数をつけてやる。
発達障がいの子どもたちも含めて、教室は集中した状態になる。何度も何度も繰り返しノートを持ってくる。
なぜか。
それは人が情報を処理する時の脳の働きに沿っているからだ。

(2) 情報処理の仕方には二つある

情報の処理の仕方には大きく二つある。

> 聴覚優位
> 視覚優位

普通は両方を組み合わせて処理する。
しかし、発達障がいの子どもたちの中には、このどちらかが極端に得意で、どちらかが極端に苦手という場合がある。
聴覚優位の子は、主に言語的な情報を処理するのが得意である。文章や言葉で順々に処理する。この子たちは「言葉で」処理する傾向が強い。
視覚優位の子は、主に映像的な情報を処理するのが得意である。絵や図を使って直感的に処理する。この子たちには「一目でわかるように」という指示が有効である。
向山氏の指示には、この両方に対応できる要素が含まれている。

（3）2D優位と3D優位

情報の処理の仕方を別の角度から二つに分けることもできる。

2D優位（二次元）
3D優位（三次元）

これはどちらも視覚からの入力である。

しかし、二次元の平面的な画像情報を得意とするのは、どちらかというと聴覚優位の子に多い。それが極端に偏っている場合には人の顔や表情を読めない「相貌失認」や、人の表情が読めない「表情失認」などの障がいになる。人の顔は三次元の世界だから、よく認識できないわけだ。

三次元の立体の顔は認識できないが、二次元の写真や絵からの情報であれば頭の中に入る。ニキ・リンコ氏やドナ・ウィリアムズ氏がそうだ。この人たちは聴覚は大変すぐれている。

逆に、立体的な三次元の映像情報を得意とする子には視覚優位が多い。この子たちは文字などの二次元の情報を認識するのは苦手である。ディスレクシア（識字障がい）を伴っている場合もある。

向山氏の指示は「絵」と「図」（ときには「イラスト」）と使い分けている。

これはどちらのタイプの子にもイメージしやすい表現である。

「絵」と「図」と聞いたとき、二次元優位の子は「立体的な絵」と「平面的な図」を思い浮かべる。自分は「平面的な図」で描こうと思う。

三次元優位の子は「平面的な絵」と「立体的な図」を思い浮かべる。自分は「立体的な図」で描こうと思う。

もちろん、これは例えばの話である。

様々なタイプの受け取り方をする子どもたちが対応しやすい指示なのである。

2Dと3Dに関連して補足すると、情報の処理の仕方には次の二つの分類もある。

線優位
色優位

線優位の人は空間を奥行き感のない二次元的なものとしてとらえる。
色優位の人は空間を奥行きのある三次元的なものとしてとらえる。
さらに、次の分類もある。

```
局所優位
全体優位
```

　全体的なことよりも細かいことに関心を示すのか、それとも細かいことより大きなことへ関心を示すのかの違いである。
　局所優位の場合には「言葉」から入る方が得意かも知れない。
　全体優位の場合には「式」から入る方が得意かも知れない。
　もう解説の必要はないだろう。向山氏の指示はこれら多くの認知パターンを包みこんでいる。子どもたちは安心し、自分にもできそうだと感じ、やってみたいと思い、熱中するのである。

(4) 向山氏の指示の出し方

　発達障がいの概念がない時代から、向山氏は子どもの事実をもとに、このような指示を見いだしてきたのである。
　向山氏の指示には他にも条件がいくつかあるので補足しておこう。

```
1　最初に教師が問題を読んでやること
2　趣意説明をすること
```

　「先生は答えが知りたいのではありません。あなたがたがどういうふうに考えて、その答えを出したか、頭の中が知りたいのです」などのように簡単に説明する。

```
3　評定すること。
```

　100点満点で評定する。評定場面をセミナー等で見て学ぶことが必要である。

```
4　8名程度に板書させ、次々に発表させること。
5　典型的な考え方を教師が解説し、全員にノートに書かせること。
```

第4章

深い教材研究に支えられた社会科授業のエキス

1 歴史の見方・考え方～子どもが、日本の歴史を好きになるような教材研究を

　岩波新書に『シリーズ日本近現代史』がある。
　最近、全10巻が完結した。
　歴史を教える教師にとっては、目配りをしておくべき本だろう。
　全巻の要約を紹介する紙幅はない。
　また、各巻の全体を単に要約するのもつまらない。
　いくつかの巻を取り上げ、あくまでも「教室での授業にとってどう役立つのか」という点に絞って考察する。

（1）江戸幕府の優れた外交力

　第一巻は『幕末・維新』（井上勝生氏）である。
　「江戸幕府の優れた外交力」が学びになる。
　幕末、アメリカは日本に開国を迫った。ペリーは、強硬な発言と、武力的な示威を繰り返していた。
　その時の日本の奉行たちは、ただおどおどしていたのではなかった。
　"無理に上陸して大統領の親書を幕府高官に手渡す"というペリーに対して、最前線で交渉にあたっていた浦賀奉行所の与力は何と言って答えたか。

> 国にはその国の法これあり

　このように述べ、毅然として拒否したのである。
　アメリカ総領事として下田に着任したハリス。
　彼は、言葉巧みに日本に迫る。
　次のようにである。

> ①アメリカは、日本を親友と思っている。
> ②アメリカは、戦争で領土を獲得したことはない。
> ③イギリスは、アヘン貿易をするので危険である。
> ④したがって、日本は、アメリカと条約を結ぶべきだ。

この提案に対して、幕府の奉行たちは長大な意見書を提出した。
オランダ別段風説書や漢訳西洋書等を自分たちでつぶさに調べたのである。
意見書の中で、次のような事実を挙げ、ハリスの嘘を指摘した。

①アメリカはメキシコ戦争でカリフォルニアを掠取している。
②アメリカ商人はトルコのアヘンを毎年、千余箱、中国に運んでいる。

当時の幕府の外交は弱腰だった。
アメリカを始めとした諸外国にいいようにやられていた。
そのような見方もある。
しかし、どうやらそうではないほうが、事実のようなのだ。
この巻では、このような幕府の「したたかな外交力」を描写している。
日本の開国が比較的早く定着したのは、なぜなのか。
開国まもない国家的な危機の時代に、岩倉使節団として政府要人を数多く米欧に送り、日本を「留守」にできたのはなぜなのか。
それは、江戸の成熟した伝統社会に基づく力があったことも指摘している。
そういった意味で、この第一巻で扱われている事象のいくつかは、日本の小学生に授業する際の教材研究としても参考になるだろう。

（2）授業には骨格が必要だ

第二巻は『民権と憲法』（牧原憲夫氏）である。
授業には「骨格」というか、ある種の構造が必要だ。
向山洋一氏が歴史の授業で示した構造が有名である。
前の時代と後の時代とを子どもたちに検証させる場合の方法として、向山氏の授業は極めて有効だ。
この第二巻も、そのような「骨格」を語ろうとする。
江戸から明治へと変化する際の骨格は、次のようである。

〈A　江戸時代〉
①領主が統治権を独占していた。
②領主は領民が安穏に生活できるよう「仁政」に配慮する義務があった。
③富裕者には、あくどい私益追求を自制する「徳義」があった。
④村は年貢納入の連帯責任を負ったが相互扶助の場でもあった。

> 〈B　明治時代〉
> ①地租改正で納税は個人の責任になった。
> ②仁政や徳義は否定された。
> ③誰の助けも当てにできなくなった。
> ④他人を蹴落とさなければ、富や社会的地位は手に入らなくなった。

つまり、貧しいのは政府や金持ちのせいではない。自分自身の能力や努力が足りないからだ。福沢諭吉の『学問のすすめ』にも、そう書いてある。

> ただ学問を勤めて物事よく知るものは貴人となり富人となり、無学なるものは貧人となり下人となる。

このような「骨格」だ。
これはこれで明確でわかりやすい
しかし、賛否もあるだろう。
仁政や徳義は本当に否定されたのか。
他人を蹴落とすという価値観は本当に明治から発生したのか。
こういった点については疑問が残るため、このまま授業で取り上げるのは、躊躇する。
向山氏の授業では、戦国時代の「武力」と明治時代の「学力」を比較して、この二つが同じ構造であることを検討させた。
こちらのほうが、一種の透明感があるように思える。

（3）なぜ開戦を回避できなかったのか

第六巻は『アジア・太平洋戦争』（吉田裕氏）である。
この巻が、一節を割いて述べる次の問いは重要である。

> ①なぜ開戦を回避できなかったのか。

同様に、次の問いも重要である。

> ②開戦後、誰がどの時点で終戦を決断できたのか。

私は②の問いをテーマにして授業をしたことがある。
ここでは①を考えてみよう。
開戦前。アメリカのGDPは日本の10倍以上であった。
粗鋼生産量は12倍である。
国内の石油産出量は800倍である。
経済的に見れば、この戦争はまさに無謀な戦いであった。
このような国力の差を、当時から正確に分析していたにもかかわらず、開戦を回避できなかったのはなぜか。
この点に関する本書の論旨をあえて単純にまとめると、それは次の三点である。

A　開戦時、太平洋地域においては、日本の戦力はアメリカを上回っていた。
B　明治憲法の統帥権の独立により、政府が軍部をコントロールできなかった。
C　天皇自身が開戦を決意した。

それぞれに、本文では詳細な検討がなされている。
かなり難しい内容ではあるが、小学生であっても授業に取り上げることは可能だと思える。
ただし、Cについては、このまま授業の結論として扱うのは疑問である。
開戦の決定を下した御前会議で、天皇本人は、一度も発言していないからだ。
正確には、9月6日の御前会議における、次の発言が一回だけある。

四方の海みな同胞と思ふ世になど波風の立ちさわぐらむ。

明治天皇の御製である。
ただ、前日の5日に「両総長による内奏」が天皇に対してあった。
その中で近衛総理が「明日の議題を変更致しますか。」と尋ねたのに対し、天皇は「変更に及ばず」と答えている。
実質的な開戦を決意したのは11月5日の御前会議である。
その時の天皇の様子は、『機密戦争日誌』に次のようにある。

御上も御満足にて御決意益々きょう固を加へられたる如く拝察せられたり。

ただ、これらは「議題の変更」と天皇のご様子を「拝察」したものだ。本当に積極的に決意していたかどうかは、この資料からは分からない。

また、開戦の場面での天皇を授業で扱うのであれば、当然「終戦の場面での天皇」を、同様の比率で扱う必要があるだろう。

小学校の歴史は「通史」ではない。時代の変化を大きくとらえ、人物やエピソードを中心に、ダイナミックな歴史授業を展開したい。子どもが、日本の歴史を好きになるように。

2 向山学級の歴史学習 3つのポイント

ダイナミックかつエピソード満載の歴史授業が向山学級では展開されていた。子どもたちは熱中していた。追究の方向を確定し、情報を集め、多彩な活動をさせていた。

地球の歴史。人間の歴史。まぼろしの邪馬台国。福沢諭吉と人間へのめざめ……。向山氏の歴史授業はダイナミックである。枠組みが大きい。エピソードが満載である。つまり熱中する。それぞれの単元は独特の展開を持っている。定型化することは困難である。しかし、あえてポイントを挙げると次の三点になる。

```
1  社会の変化を大きくつかませる学習である。
2  具体的な資料をもとにした学習である。
3  作業があり、観察があり、動きがある学習である。
```

「社会の変化を大きくつかませる」ために、戦国から明治にかけての授業では、「人物」を通して向山氏は展開した。

次のようにである。

```
①前の時代の特徴をひとことで言いなさい。
②今の時代の特徴をひとことで言いなさい。
③この時代を代表する人を一人選びなさい。
④この人は時代をどのように生きようとしましたか。できるだけ簡単に述べなさい。
```

当然、資料を豊富に用意していた。人物のエピソードを探させる場合でも、年表を与えて、その中から「大切な5点を調べなさい」のように手立てをとっていた。

「福沢諭吉と人間へのめざめ」で向山氏が用意した資料には次のようなものがある。

> (1)開智学校生徒罰則
> (2)掛図「寺子屋風景」
> (3)訓童小学校教導之図
> (4)志ん用法帖
> (5)下等小学課業一覧表

いずれも原文をそのまま子どもたちに提示している。漢字も難しく、一見して何が書いてあるのわからない。しかし、子どもたちは熱中する。そのポイントは「その資料を教師が完全に理解している」ということだ。子どもたちがどんな角度から発言しても、それを受けて向山氏はもっと深く語ることができた。

さらに、子どもたちの「活動」が保障されていた。「作業」や「観察」や「動き」である。

> ⑤　④を証明するできごと、エピソードを5つ述べなさい。
> (1)個人で調査する。
> (2)班ごとに表にする（KJ法）。
> (3)最も象徴的なことを一つ選ぶ。
> (4)発表する。
> (5)他の班との違いを討論する。

子どもたちは自分で仮説を立て、それを証明するための情報を集め、その情報を整理した。その上で他の班と比較し、討論まで展開していたのである。

3 「時事問題」を大きな枠組みの中でとらえるインフレとデフレの授業

> ①いろいろな品物の値段が、どんどん高くなることを「インフレ」と言います。

②いろいろな品物の値段が、どんどん安くなることを「デフレ」と言います。どちらがいいですか？

品物の値段が安くなるというのだから、これだけの情報しかなければ、子どもたちにはデフレがいいように見える。
記事Aを提示する。

〈記事A〉ゆるやかなデフレ状況！
政府は20日に発表した11月の月例経済報告で、日本経済は「ゆるやかなデフレ状況にある」と認定した。政府による「デフレ宣言」は、2006年6月以来、3年5カ月ぶり。[東京20日ロイター2009年11月20日]

政府が「日本はデフレです」と発表しました。「今は、デフレだからよい時代だ。」この意見に賛成ですか？　反対ですか？

情報がこれだけしかなければ、いいよう思える。
記事Bを提示する。

〈記事B〉デフレから脱却したい！
民主党の有志国会議員が30日、「デフレから脱却し景気回復を目指す議員連盟」を結成し、国会内で初会合を開いた。(中略) 100人以上の同党議員が名を連ねた。
[産経2010年3月30日]

議員さんたちは「デフレから脱却する」と言って相談しています。
デフレがいいなら、なぜ議員さんたちは「デフレから脱却する」ことを目指すのでしょうか。
調べてごらんなさい。

インターネット等での調べ方を指導する。
インフレと、デフレについての子ども向けの説明ページ等が見つかるだろう。(例

えば「日刊こどもニュース」インフレ・デフレってなに？
http://news4kids.blog66.fc2.com/blog-entry-111.html 等）

> インフレとデフレを比べる表をつくりなさい。

できた表を検討させる。また、補足として記事Cを提示する。

> 〈記事C〉日本型デフレスパイラル！　セントルイス連銀のブラード総裁は大手紙に掲載された論文で、FRBの現在の政策は米経済を日本型のデフレスパイラルに陥らせる恐れがあると主張。[英フィナンシャル・タイムズ紙2010年8月10日]

デフレスパイラルとは、

> ①物の値段が下がる。
> ②会社のもうけが減る。
> ③給料が減る。
> ④みんな安いものを買おうとする。
> ⑤さらに物の値段が下がる……

このような悪循環に陥る現象である。
デフレは必ずしもいいとは言えない。しかし、インフレもいいとは言えない。

> インフレは、どのような時に起きるか、グラフから調べなさい。

これは、ほぼはっきりしている。
インフレを起こす最大の要因は「戦争」である。
戦争と石油の価格や、日本の戦中戦後の物価の変動など、わかりやすいグラフを作成し、提示するとよい。
インフレは戦争のような「大きな消費」を必要とし「豊かさ」を志向する。
大規模な戦争がおきない平和な時代だから、デフレになるのだ。
デフレのもとでは競争が激しくなり、企業努力によって技術は革新される。
それほど豊かではなくとも「生きがい」をもって暮らしていくことを志向する。向

山洋一氏が指摘するように「豊かさ」から「生きがい」の時代へと変換しつつある。
時事ニュースをこのような大きな枠組の中でとらえさせることも、一つの方法である。

4 もっと「日本のことを知らせる」授業が必要である

（1）「日本史」ではなく「国史」である

中国に行き、上海の書店で社会科関係の教科書を何冊か買い求めたことがある。
中国の子どもたちが教室で学ぶための教科書である。
歴史の教科書も購入した。
歴史教科書のタイトルはすべて『国史』である。
中国の学校では「中国史」の授業はない。中国の先生が、中国の子どもに、中国の歴史を教えるのだから「国史」で当然だ。
アメリカの学校でも、アメリカの歴史を教える授業は「アメリカンヒストリー」ではなく、通常は「ナショナルヒストリー」といっているようだ。
しかし、日本では「日本史」として教えている。
日本の先生が、日本の子どもに、日本の歴史を教えるのだから、当然「国史」でいいのではないか。戦前は「国史」だった。「日本史」になったのは戦後である。

（2）民族の神話を学ばなかった民族は滅びる

「国史」が「日本史」になって、より中立的で科学的になったのかも知れない。
しかし、失ったものもある。
例えば我が国の神話を、教えなくてもいいようになった。神話が史実でないことなど当然である。そのことと、建国の頃の人々が日本をどのように描写していたのかを学習する価値とは別のことだ。
イギリスの歴史学者アーノルド・トインビーは、次のように言っている。

> 12、13歳くらいまでに民族の神話を学ばなかった民族は例外なく滅ぶ。

日本の子どもたちが民族の神話を学ばなくなって、すでに60年たってしまった。
本当にこれで大丈夫なのか。

学ばなくなったといえば、高校では「世界史」は必修だが「日本史」は選択になっている。逆ではないのか。

（3）愛国心は教育できない

私は「愛国心」を直接教育することはできないと考えている。「愛国心」を叫ぶことがスローガンになったような授業があるとしたら、どこか危険で胡散臭い。

愛国心が育ったかどうかなど教師が評価できることではない。教師にできることは、つまり、

> 子どもたちに「日本のことを知らせる」こと

これに尽きる。

何度も書いていることだが、次のようなごくごく当たり前で基本的なことさえ、すべての小学校ですべての小学生に教えられていないと思える。

> ①日本の都道府県名と県庁所在地名
> ②日本の国歌
> ③日本人が古来親しんできた詩文
> ④日本の伝統文化
> ⑤日本の最先端技術

こうした「知識」を身につけさせることこそ、「教師の責任」なのだ。

（4）天皇のことを教えられていない

日本の子どもたちがほとんど教えられていないことをもう一つ挙げる。

天皇のことである。

日本の天皇は2000年、125代にわたって、絶えることなく続いてきた。まさに無形文化財のようなものだ。日本以外、どこの王朝にもできなかったことであり、世界中見ても同様の例は皆無である。

憲法に書かれている天皇の国事行為を教えることも大切だ。しかし、神道の最高権威者として国民の安泰と世界平和を祈ることも天皇の主要な仕事である。

こちらは、まるで授業されていない。

天災が起こった時、歴代の天皇は神様に自分の不徳を詫びている。

記紀に出てくる 16 代仁徳天皇の逸話がそうだ。

仁徳天皇がある日高台から見ると、民家に煙が上がっていない。民は煮炊きができていないのではと心配になり、しばらく徴税をやめ、自分も節制をし、御所が傷んでも修理を許さなかった。数年後に再び高台から見て、煙が上がるのを喜び、「民が一人でも飢えるのであれば、それが天皇の責任である」と言って次の歌を詠んだ。

「高き屋にのぼりて見れば煙り立つ民のかまどもにぎはいにけり」

歴代の天皇は仁徳天皇のこの逸話を理想とし、自分もそうあろうと努めてきた。

孝明天皇が御簾の奥深くで自分の不徳を神に詫びた逸話や、昭和天皇が自らの末期状態の時に長雨に心を痛めて「米は大丈夫か」と侍従に尋ねた逸話など、子どもにも語ってやりたい内容である。

天皇と国民とは互いに信頼しあいながら、2000 年の歴史を築いてきたのである。

京都御所の造りが象徴的だ。

堀もなければ石垣もない。攻め込もうと思えばいつでも攻め込める。世界の王宮は軍事要塞になっているのが普通なのだから、京都御所は極めて珍しい例なのだ。1200 年も天皇が住んでいたのに、防衛という概念がない。全く考慮していない。要するに、始めから攻められると思っていないかのようだ。朝廷を滅亡させることはいつでも可能だったのに、それをしなかったのである。皇室の 2000 年以上の歴史の中で、皇室をなくそうという戦争は、日本では一度も起きていない。故高松宮殿下の言葉によれば「国民によって守られてきた」のだ。

このようなことを、理念ではなく、具体的な資料を組み立てて授業するのが教師の仕事である。

5 「尖閣諸島」問題をこう授業する

自分の国の国土に鈍感な国家は滅びる。
日本の教師は日本の領土を子どもに教えるべきである。

尖閣諸島の問題は看過できない。
ホットなニュース映像等をそのまま小学生の授業で取り上げるのは、むろん制御が必要だ。
しかし「領土問題の基本原理」は必ず教えておかなければならない。

尖閣諸島は、日本固有の領土である。
どのような観点からみてもそれは明白である。
外務省のホームページでも政府の公式見解として出されている。
日本の教師は必ず授業すべき内容だ。
授業は簡単だ。次のように淡々と資料を提示し、事実を押さえればよい。

（1）先占を教える

第一に「先占」である。
「先占」とは、持ち主がいない土地を自分の国の領土として宣言することである。単に発見しただけではダメだ。正式に政府が発表すること。その時、他の国から異論がない状態であること。
日本は10年かけて尖閣諸島を調査した。
そこには誰も住んでいなかった。
どの国の住所にもなっていなかった。
そこで、日本の領土として宣言した。
それが1895年1月のことである。
むろん、どの国からも異論は出されていない。
この年号と月が極めて重要だ。子どもたちには「暗記しておきなさい」と指示するべきだ。

> ① 1895年1月に、日本の領土とした。

（2）条約を教える

日本は日清戦争に勝利した。
下関で講和条約が締結された。
その第二条には次のようにある。（小学生向けに文章をわかりやすくしてある）

> **清国は、台湾などの島々の主権を、永遠に日本にわたす。**

大切なのは、この「台湾などの島々」の中に「尖閣諸島」が入っているかどうかである。
ここで決め手になるのが年号と月なのだ。

> 下関条約は1895年4月である。

その時点では、尖閣諸島は、既に日本の領土になっていた。したがって、下関条約と尖閣諸島の問題は「関係がない」のである。
ところが、その後日本は戦争に負ける。
終戦後の1951年。サンフランシスコ平和条約が結ばれた。
その第二条にはこうある。

> 日本は、台湾に対するすべての権利を放棄する。

この「台湾」の中に尖閣諸島は入っているだろうか。もちろん入っていない。1895年に日本の領土になっており、下関条約も関係がないのだから、右の条文もまったく関係ない。
その同じサンフランシスコ平和条約で、尖閣諸島を含め、南西諸島はアメリカが統治することになった。これはもちろん1971年の沖縄返還協定で日本に戻っている。
以上が、国際法上からみた「先占」である。これにはまったく議論の余地がない。
尖閣諸島は明白に日本固有の領土である。
日本の教師は必ず授業すべきである。問題を単純化し、明らかになっている事実を示し、正式な条文を淡々と提示するだけでよい。
他に「実効支配」の問題と「中国の論拠への反論」もある。
問題なのは、このような「事実」を教師が知らないとうことだ。従って子どもたちにも全く授業されていない。今すぐ授業すべきである。

6 プロ教師の学習問題づくり 「水」の単元での展開例

4年生の4月。
1982年の向山学級で出された「水」についての学習問題は次である。

> ①家では1ヶ月に2リットルビン何本分の水を使っているか。
> ②家では1ヶ月にいくらの水道料金を払うか。

③蛇口の少し前、50mか100mぐらい前は、この水はどこを流れているか。

ポイントは三点ある。
一点目は問題の出し方として具体的な「数値」が基準にされている点である。
「どのくらいの水を使っているでしょう。」
と言っても、子どもたちの思考は活性化しない。
二点目は、子どもたちがイメージしやすいようにモノを持ち込んだ点である。
向山氏は一升瓶の実物を子どもたちに見せている。
今なら2リットル入りのペットボトルを見せればいいだろう。
三点目は、意見の分布をとって、確認している点である。
その確認の仕方が巧みである。
①の問題に対して、向山学級の子どもたちは次のように予想した。

```
野本案…300本      2人
多数案…500本      24人
吉村案…7900本     3人
大野案…20万本     1人
```

このポイントはもちろん「大野案」である。「そんなにすくないはずがない」という根拠を持って主張しているわけだ。
おとなしい女の子が出した、このたった一人の意見を、向山氏は学級通信で取り上げて、ほめている。
実際に、4人家族であれば1ヶ月の水道使用量は約3万リットル程度。ビン換算で1万5000本くらいになるから、多くの子どもたちが予想したより、ずっと多かった。
また、②の問題では、子どもたちの予想は次のようになる。

```
稲垣案……10万円    3人
5万円              16人
2万円              8人
9千円              5人
```

これに対して、向山氏は次の確認をする。

> 500本が10万円ということは、水がこれ1本で200円。
> トイレで一回ジャーと流すと1000円ぐらいかかる。

その後、実際に家で調べてみて、子どもたちはびっくりする。
　③の問題はもっと面白い。「水道管」「水道局」などの意見が出る。そこで、向山氏は次のようにまた詰めをする。

> 水道局を通って、その前はどこですか。1分間だけ話し合って下さい。

　その後の詳細は割愛する。
　向山氏のこの授業のポイントは、自分たちが調べ学習を進めていくための「方法」を教えようとしている点だ。
　だから、数値で予想をさせ、体験を想起させ、さらに調べ方を出させ、調べた結果を書く欄まであらかじめ作らせているのである。
　これは、子どもたちにとって身近でありながら、実はよくわかっていない「水」がテーマだからこそ可能になる学習問題の立て方である。
　これが6年生の政治単元であれば、向山氏の学習問題は次のようになる。

> ①川の水は誰のものか
> ②川の魚は誰のものか
> ③川の土地は誰のものか

　これに対して「看板等の文字」をすべて採取させる活動をしくんでいる。
　学習問題として「水の所有」を取り上げ、学習方法として「看板の文字」の収集をさせているのは、向山氏のオリジナルな手法である。
　このようなプロの学習問題に学びながら、現在であればさらに次のようなテーマを加えて考えたい。

> ①黄河の暖流と環境問題
> ②上総(かずさ)掘りと日本の技術
> ③バーチャルウォーター
> ④4度の水が一番重くなければ、地球はどうなるか。

7 子どもの討論
向山学級と築地学級の違いを分析する

　子どもたちが活発に討論する社会科の授業。
　それを学ぶのであれば、向山洋一氏の討論の授業が最適だ。
　かつて築地久子氏もダイナミックな討論の授業を展開していた。
　しかし、向山氏のそれとは質的に異なると私は考えている。
　印象だけを一言で言えば、向山学級の討論は、極めて知性的で、かつどこまでも伸びやかなのである。
　むろん築地学級にもその要素はある。
　少し詳しく分析してみたい。
　向山洋一氏の「雪国のくらし」の授業を取り上げる。1990年3月2日に行われた授業である。この映像はまだ一般には公開されていない。
　この映像を分析しながら、静岡県の安東小学校で実践していた築地久子氏の討論の授業との比較を試みる。

(1) 教師の発言

　まず、基本的なことを確認する。
　一点目は教師の発言だ。この授業は子どもたちが自由な形で討論する。教師の発言は三回しかない。
　この時間の、向山氏の一回目の指示は次である。

「(雪国の人は) 損をしているか、損をしていないか」で勉強してもらいます。
それでは、自分で勉強を始めて、グループで話し合いが必要になったらグループで始めて、みんなで討論したくなったら、討論してください。
どうぞ。

　これだけである。
　この後、向山氏は子どもが質問に来た時以外、自分からは子どもへのアクションをまったく起こさない。
　築地学級では築地氏が非常にめまぐるしく子どもにかかわる。
　じっと聞いている時もあれば、歩いて行って座っている子どもに話しかける場面もある。

次々に個々に働きかけている。

（2）向山氏の問題意識

二点目は向山氏の問題意識である。

向山氏が『雪国のくらし』の授業を自由な討論の形態で行ったのは、築地氏の授業がきっかけである。

向山氏の問題意識は大きく二つあった。

> 築地久子氏のような授業形態は、ある程度の力量があれば誰でもできる

これを、自ら実際にやってみせて証明しようとしたのが一つ目の問題意識である。

築地氏の授業のビデオは、私も若いころに見ている。

20代の頃に映像を見た当時は、ただただ圧倒されるだけだった。

しかし、今は少し見えるようになった。

もしも今クラスを担任し、

「半年から一年間、このような討論の授業に専念して取り組んでいい」

と言われたら、私でもこのような授業の形はつくりだせると思える。

どうすればあのような討論になるのか、ある程度イメージもできる。

ただし、それによって「失うもの」も大きいだろうと思える。

子どもたちに必ず習得させたいと思っているいくつかの知識・技能は等閑にされる可能性が高いだろう。

向山氏の場合は、もちろん、半年も要しなかった。

数時間目には形になっていたのだ。

この単元の一時間目からすべての授業を公開しているのだから間違いない。

さて、向山氏の二つ目の問題意識は次のことである。

> 討論は損得問題で成立する

築地氏の発問には「損得」の価値判断を問うものが多い。

> ・公平か、不公平か
> ・ずるいか、ずるくないか

のような問いである。
具体的には、

> 税金の使い方を考える人はずるいか、ずるくないか

などの例がある。
そのような発問群を、築地氏が実践の中から提起していたことについては、確かに大きな意味がある。
向山氏はこの「損得問題」で討論が成立しやすいことを実証するために、

> 雪国の人は損をしているのではないか

という向山学級の子どもの発言を取り上げ、この単元の討論のテーマとしたのである。
このことは、その後の向山氏の、次のようなタイプの発問につながっていると思える。

> ・タイムマシンで行けるなら縄文時代と弥生時代のどちらに戻りたいか
> ・神戸と名古屋、どちらに住みたいか

このような価値判断を問う発問は、答えを出すことが目的ではない。
それを討論することで、知識理解への認識がより深くなるのだ。
「雪国の人は損か得か」を討論しながら、子どもたちの話の内容は次々に焦点化する。

> ①土地代はどちらが高いか
> ②水の供給はどちらが便利か
> ③家のつくりと費用はどう違うか
> ④作物の収穫高はどう違うか

このように、より具体的な内容が論点になっていくのである。
ただし、いわゆる本来の「向山氏らしい」発問はこのようなタイプではない。
向山氏らしい発問とは、もっと具体的で焦点が絞られており、

「緊張感のある場面で瞬間的に思いついた」
と言われるものが多い。

①水道の水、蛇口から50m先はどこを流れているか。
②屋上から見て、あの高い建物の下には何があるか。
③初めて上陸した生物は植物か動物か。
④農民に土地を開墾させる。無理やりかご褒美か。

こうしたタイプの発問は向山氏独特のものであり、他に例をみない。

（3）どこまでも伸びやかなムード

　向山氏の授業中の発言は三回しかなかったことを述べた。
　一回目の指示の後、向山氏が何のアクションも起こさないまま、授業開始から13分50秒後、子どもたちが自然に討論を開始する。
　次のようにである。

「発表していいですか。」
「いいです。」
「いいでーす。」
「よろしゅうござんす。」

　なんというか、少し悪ふざけをしているような、のびのびとした雰囲気だ。
　向山学級の討論には、このような「伸びやかムード」と「白熱する追求」とが混在する。
　たとえば、女の子が二人組で発表する場面が二回ある。
　二人で仲良く出てきて、一人の女の子が
「私たちは損ではないと思います」
と言い、その理由をもう一人の女の子が発表するのだ。
　なごやかで、みんながいろいろな発表形態を許容している雰囲気がある。
　これに対して、築地学級の討論の開始場面には違った雰囲気がある。
　大学院の講義の時間に、院生たちに築地氏の討論の授業の映像を見せたことがある。
　理科の授業「じゃがいもの育ち」と、国語の授業「沢田さんのほくろ」の二本を取り上げた。

講義では、時間が多くとれなかったため、すべてを分析しながら見ることはできない。
　早送りしながら、ごく一部だけを見ることになる。
　したがって、内容的な分析よりも「討論の授業」としてどのような指導が行われているのか、という点に絞って、院生に発言を求めた。
　このようなタイプの授業を初めて見た院生はびっくりする。
　特に築地氏の授業は「見ていて苦しくなる」ほどの、迫力というか、圧迫感がある。
　築地氏が、
　「頑張りましょう！」
　というと、子どもたちが、
　「はい！」
　と答える。
　授業が始まると、全員の子どもがザッと一斉に手を挙げる。
　ほとんどの児童がとても大きな声で発言している。
　自分からどんどん立ちあがる。
　何人もの子が自由に黒板の前に行って板書している。
　ただ、学生の言葉を借りれば
　「子どもたちが『とても頑張っている』ような雰囲気」
　が強く感じられる。
　「見ているのが、なんだか苦しくなるような感覚」
　があることも確かなのだ。
　向山氏の「雪国のくらし」の授業のムードは、それとは明らかに種類が違う。
　子どもたちが自由に動くのは同じだ。
　自然に討論が始まり、話がつながっていくのも同じである。
　向山氏は三回しか発言しない。
　討論が白熱して子どもたちが必死の様子になる場面もある。
　盛り上がってきてたくさんの子が手を挙げる場面もある。
　しかし、どこか柔らかい。
　画面で見ても子どもたちがとても可愛らしく、幼く見える。
　しかし、発言している内容は、前述した論点をみてもわかるように、非常に高度である。
　この違いはいったい何なのか。

（４）教師の強い指導を伺わせる痕跡

　大学院の講義で築地氏の映像を見た後、築地氏の授業の中で見られたいくつかの場面について私から解説した。
　たとえば次のような様相である。

---
①全員が一斉に手を挙げる。
②何人かが立ったまま待っている。
③「～ですね？」という聞き方をした子に対して、周りの子がすぐに「はい！」と答えている。
④資料を持って発言している子の周りに、他の子がサッと集まってその資料をのぞきこんでいる。
⑤発言した子が次の児童を指名する場合がある。

　これらの児童の姿は、築地氏の強力な指導があって実現するものだ。
　いわば、討論の形を作っていくために必要な形式が子どもたちに身につくような指導があったはずである。
　これに対して、向山氏の映像を見る。
　向山氏の映像は、いくら見てもそのような向山氏の強い指導をうかがわせるような痕跡が、子どもの姿から見つからないのである。
　統一された語尾がない。
　返事の仕方も子どもによってそれぞれバラバラである。
　よく言えば明るくて伸びやかだ。
　しかし、悪く言えば「けっこうお行儀が悪い」子どももいる。
　向山氏の指導があるとしたら「根拠を持って発言しなさい」ということくらいだろうか。
　向山氏が授業中、二回目に発言した内容は次である。

あのね、先生は「雪国の人は損ではないですか」という問題を出してるんですね。さっきから聞いている意見で、土地代が安いだろうから得だと。これは先生たいへんよくわかります。意見が。
（中略　谷）
それ以外の意見、あんまりよくわかんないんです。ごじゃごじゃごじゃごじゃしてて。

「雪国の人は損ではないんですか」っていうんですから、損ですか、得ですかっていうのがハッキリわかるように言ってください。これから後ね。
はい、どうぞ

　つまり、根拠を持って立場をハッキリとさせて発言しなさいということを指導している。
　この向山氏の介入の後、また子どもたちの討論は白熱し、延々と続く。
　それにしても「それ以外の意見、あんまりよくわかんないんです。ごじゃごじゃごじゃごじゃしてて。」というのは、ずいぶん厳しい言い方に感じる。
　ところが、向山氏の最後の発言では次のような指導の仕方をするのである。

①今度は証拠を持ってきて下さいね。
②意見を言い忘れた人、短く意見を言う時間ありますからどうぞ。
③のんちゃんはどう思いますか。向山先生、のんちゃんの意見、聞きたい。

①はもちろん「根拠」を持たせる指導だ。
②で、発言できなかった人に発言の機会を与えた。
そして③である。
　この向山氏の言い方と、その時のジェスチャーがとてつもなく優しいのである。
　討論が高段の芸だというのは、子どもたち一人一人をいわば包み込むような、このような器の大きさを教師が持っていなければならないからだ。
　それぞれの良さを見てとってほめ続け、子どもたちが自分の発言に自尊感情を持たなければ、向山学級のような討論にはならない。
　向山氏の討論の授業を見た学生の感想である。

■向山先生の授業のビデオを見て、じーんとしました。子どもたち一人一人が生き生きしていて、一生懸命授業に参加している姿は久し振りに見ました。

■改めて向山先生の偉大さに驚きました。子どもたちのレベルの高さ、討論している時の熱意がすさまじく思えました。小学生に見えなかったです。

　次は大学院生の感想である。

■向山学級の「雪国の人は損か得か」の授業ビデオを見た時、子どもたちののびやかさを感じ、そんな子どもの様子を美しいと思った。
築地学級は一見活発なのに、生命力を感じなかった。生命力を感じないということは、子どものリズムが殺されていたということなのだろうか。
子どもが「頑張っている」感じがした。見ているのが、なんだか苦しくなった。
その後、築地先生の授業の限界についての谷先生の分析を教えてもらった。その1つに、訓練されているとわかる子どもの行動があった。「苦しい感じ」がした理由がわかった。
その後に、向山先生の雪国のビデオをみた。最初の子から、表情もしぐさも何ともかわいらしかった。
言い返す時の顔。言い返された時の顔。相談している時の楽しそうな顔。
のびのびしている顔ってこういう顔なんだと思った。ビデオを見ている時間が、すごく心地よかった。
その後、向山先生が、いろんなほめ方で子どもたちをたくさんほめていることを教えてもらった。

8 地図をめぐる不思議エピソード
〜男子脳と女子脳の空間認識

男子と女子の地図をめぐる違い。
それを一言で言うと、男子は「ルート」で地図を見る。
女子は「ポイント」で地図を見る。
ルートというのは方角と絶対距離で表す道順のこと。「駅前を南に100mくらい。大きな建物の東側」こういう表現を男子はする。
ポイントというのは五感で記憶する目印のこと。「赤い屋根のお家」「おしゃれな感じの並木通り」こういう表現を女子はする。
したがって男子は地図を北向きのまま読む。方角と距離を空間認識できるからだ。
女子は歩きながら地図を回転させる。自分が感覚しやすいように地図を見るからだ。
男子は「システム化」し女子は「共感」するのだと表現する学者もいる。
男子は狩猟の、女子は子育てのDNAがあるからだという説もあるが、さだかではない。

第5章

教師力をあげるために
これだけは知っておきたいこと

1 いま求められる「教師力」
～やってみせろ。証拠を出せ。学び続けろ。

（1）おまえがやってみせろ

　福井の社会科フォーラムで子どもたちに授業をしたことがある。
　4年生が谷、6年生がTOSSの吉田高志先生、中学生が、兵庫教育大学の原田智仁教授の授業である。原田先生は20年前まで高校の教壇に立たれていたが、以来、ずっと現場を離れている。
　大学の教育学部の先生が子どもたちの前で授業をするのを、私はほとんど見たことがない。全くないとまでは言わないが、ほぼ皆無に近いと思える。
　原田先生は以前から尊敬していた。院の時代に講義を受けて感銘を受けた。原田先生の講義で歴教協や教科研、初志の会など、社会科の主な実践の見取り図が頭の中にできた。
　今回の授業の指導案も素晴らしかった。完成度の高い研究授業とはこのような作業のことを言うのだなと、また勉強になった。
　出版社主催のフォーラムという公開の場で、しかも中学生を相手に、提案的な指導案で、実際に授業をやってみせたのは凄い。凄くないという人がいたら、ぜひやってみせてほしい。
　尊敬する原田先生と同じステージで授業できて嬉しかった。感謝した。そして、また尊敬の念を強くした。
　これに対して、会場で見ていた参観者のアンケートには、一人だけだが、次のようなものもあった。
　「浅すぎる。もっと授業の上手な人はいないのか？　社会科をなめている」
　「授業の体をなしていない。悲惨。」
　読んで少し笑った。でも寂しい感じがした。悲惨な授業とまで書く人は、自分がステージに上がるべきなのだ。
　口では何だって言える。少なくとも名を名乗って、論争すべきだ。無記名で自分は傷つかないところにいるべきじゃない。
　子どもたちに実際に力をつけるとはどのようなことか。それを研究するためには、理屈だけ言っていても始まらない。実際に公開で授業をやってみて、その事実で示すことが教師の力である。

（2）つべこべ言うな。証拠を出せ

　玉川大学の山極隆教授は、講演のたびに「Evidence based」と言う。「証拠を出せ」ということだ。
　証拠とは、第一に数値で定量的に表現できるものである。

> ①漢字の習得率はどのように変化しましたか？
> ②市販テストの平均は？
> ③算数のノートは一年間に何冊使いますか？

証拠とは、第二にエピソードで語れるものである。

> ①発達障がいの子が、授業の後でどのような感想を書きましたか？
> ②何を指示されても全く動こうとしなかった子が、どのような場面で変化しましたか？
> ③ドッジボールで負けるとパニックになってしまう子が、負けを認めるようになったきっかけは何ですか？

　このようなことを具体的に示して語れなければ、専門家とは言えない。保護者や子どもたちに対して、あるいは研究会の場で、納得できる証拠を出して分析できるのが教師の力である。

（3）最新の知見・動向に学び続けろ

　新出漢字を教える時、最初は鉛筆を持たせないで、まず指で書かせる。
　それがなぜ効果があるのかが、今は脳科学の実験によって解明されつつあるらしい。先日、私の講義を参観された教授から教えられた。簡単に言うと鉛筆の先には神経がないということだ。指先の神経は脳と直結している。
　負けるとパニックになる子が負けを認めるためには、教師はどのような場面を設計しなければならないのか。
　囲碁の安田泰敏九段が実践している「ふれあい囲碁」を教室に取り入れる動きが始まっている。手のつけられないほど暴れていた子どもたちが激変する事例が報告されている。
　そういったエピソードを注意深く読むと、成功した事例では、教師は決して叱っていない。ゆったりと受け入れ、教え、そしてほめている。

このような最新の知見、最新の動向に、敏感であることも、大切な教師の力である。

2 教育基本法の「教員の養成」を実質的に効力のあるものにする

(1) たった1分の模擬授業で力はつくのか

　大学で教員養成のための講義を担当している。

　ある講義で、一枚の絵を提示した。社会科の授業で使う資料である。それについての模擬授業を指示した。140名以上が受講しているので、全員はできない。希望させたら45名が立候補した。仮に一人あたり2分の授業をしたとしても90分かかる。それで講義が終わってしまう。そこで次々に授業をやらせ、一人「10秒から1分」程度でストップした。授業をしたすべての学生にコメントした。私も代案を実演した。

　こんな短い模擬授業では学生に力がつかなかっただろうか。授業を始めてからたった数秒で止められた学生もいる。せっかく立候補したのに不満が出ただろうか。いずれも、その逆である。学生は次のような感想を書いた。

①人数が多く、一人の持ち時間が短い模擬授業でしたが、要点が絞れていて、先生の講評も分かりやすく、逆に良かったと思います。
②実際に模擬授業をしましたが、1分という時間がとても長く感じました。谷先生の指示も的確で新鮮で面白かったです。

　使用したのは、たった1枚の絵である。それでも「発問」は無限に出てくる。

③発問は数十種類にものぼるものだと感じました。オーソドックスなものから、児童が考え込み、のめりこむような発問まで、谷先生は数種類以上の発問を使い分けているようで、聞いていてとても感動しました。

(2) 教員の専門的な知識・技能とはなにか

　改正された教育基本法の九条の二には次のようにある。

教員については、その使命と職責の重要性にかんがみ、その身分は尊重され、待遇の適正が期せられるとともに、養成と研修の充実が図られなければならない。

ポイントは「養成と研修」という用語だ。平成18年7月の中教審答申は「教員養成」について、次の課題を指摘した。（谷が一部抜粋して整理）

> ①教員としての最小限必要な資質能力が理解されていない。
> ②大学教員の専門性に偏した授業が多く、学校現場が抱える課題に十分対応していない。
> ③指導方法が講義中心で、演習や実験、実習等が不十分。

要するに「実践的じゃない」ということだ。教育基本法に「養成」の概念が入ってきたのは、こうした課題を受けてのことだろう。

それでは、教員としての「最小限必要な資質能力」とは何か。これが極めて曖昧でわかりにくい。平成9年の教養審第一次答申は「養成段階で修得すべき最小限必要な資質能力」として次のものを示した。

> 教職課程の個々の科目の履修により修得した専門的な知識・技能を基に、教員としての使命感や責任感、教育的愛情等を持って、学級や教科を担任しつつ、教科指導、生徒指導等の職務を著しい支障が生じることなく実践できる資質能力

この中で重要なのは、第一に「専門的な知識・技能」の中身である。第二に「実践できる」ということである。「使命感」「責任感」「教育的愛情」はいずれも大切だが、どんなに使命感があっても授業はできない。間違った方向に努力していれば学級は崩壊する。

「最小限必要な資質能力」というなら、TOSS授業技量検定のF表やE表の段階を取り上げるべきである。たとえば「紙をみないで授業ができる」ようなことだ。「そんなこと」と思うかも知れないが、実際にはできていない教師が圧倒的に多い。10年選手でも20年選手でも、紙を見ながら授業している。そんな状態で子どもの心をつかむような授業ができるはずがない。

（3）教員の資質を上げる基本的なポイントとは

冒頭の模擬授業中、学生が紙にチラチラと目を落としながら授業をしていたので、にこやかにそれを指摘し、近づいて紙を取り上げてしまった。そして「見ないでやってごらん」と再度やらせた。たったそれだけで、まるでイメージの違った授業になる。

その学生の授業は激変し、見ていた他の学生たちから自然と拍手がおきた。
　その学生の感想である。

> ④先生のアドバイス一つで全然違う授業になった。はじめ、下を向いて授業をしてしまったので、途中で先生に指摘され、もう一度させていただきました。なかなかこんな大勢の前で授業をさせていただけることはないので大変貴重な経験をさせてもらえましたし、勉強にもなりました。最後みなさんが拍手してくれたのもうれしかったです。

　ごく粗くまとめると、教員養成の初歩的な段階でのポイントは次のことである。
　第一に「本当に最小限必要な資質能力」がリストアップされていなければならない。
　第二に、実際に学生を養成する側の大学の教員は、当然自分自身がそれらの項目について「実演」できなければならない。
　第三に、教室での具体的な指導場面を教科ごとに取り上げ、そのことが別の指導場面でも汎用性を持つことを示さなければならない。例えば「一枚の絵」のような資料を使った授業展開等である。

3 「基礎学力論争」の見取り図から、今必要なことを考える

（1）一回目の論争

　基礎学力についての論争。
　その一回目は、今から60年ほど前からである。
　論争の結論を乱暴にいうと、次のようになる。

> 一　子どもの自由にするな。ちゃんと教えろ。

　子どもの自由と言ったら言い過ぎかも知れない。「子ども中心主義」という。当時、子どもの生活や経験を大切にし、問題解決学習を進めていた人たちがいた。
　コア・カリキュラムなどといって、今の総合学習みたいな雰囲気のものがつくられた。
　いくら勉強しても、ちゃんと学習が積み上がっていく実感がない。だから「這い回る経験主義」と批判された。

学力が落ちているという調査も出た。
これではだめだということになった。
それで「もっと系統的に、ちゃんと教えよう」という方向が出てきたのである。
代表的なのはブルーナーという人の『教育の過程』という本だ。今読んでも面白い。

(2) 二回目の論争

その二回目は、今から40年ほど前からである。
論争の結論を乱暴にいうと、次のようになる。

> 二　詰め込むな。もっとゆとりを持たせろ。

ちゃんと教えろっていっても、やりすぎだ。もう少し子どもの自由にしろというわけだ。一回目の逆だ。
この論争の引き金は「落ちこぼれ問題」である。
それで当時の文部省は「ゆとり教育」を進めるようになっていった。
その頃のキーワードは「新しい学力観」である。
知識・理解ではなくて、関心・意欲・態度を学力の中心にした。教師は指導をするのではなく支援をするのだということになった。生活科が始まり、総合的な学習の時間がつくられた。
そう。また、もとにもどった。

(3) 三回目の論争

その三回目は、今から20年ほど前からである。
10年前くらいから「学力低下論争」として目立ち始め、今も続いている。
引き金はたくさんある。
たとえばOECDによる「PISA」の学習到達度調査である。あるいは『分数ができない大学生』（岡部恒治氏）である。
結果、2007年の中央教育審議会では、学力の要素を次のように定義した。

> ①基礎的・基本的な知識・技能の習得
> ②知能・技能を活用して課題を解決するために必要な思考力・判断力・表現力など
> ③学習意欲

最重要として第一に示されたことが、「基礎的・基本的な知識・技能の習得」である。そのうえで、PISAのような活用力も必要だとした。
　個人的な感想としては「納得できる結論」にようやく近づきつつあると感じている。ただし、これを実践的なレベルで実現している例はそれほど多くない。
　優れた先行実践として、次の二つの代表例がある。

> ①向山洋一氏の「六年一組学級経営案」(『教師修業十年』p165～185)
> ②吉永順一氏『必達目標で学力保証のシステムをつくろう』

他に次のような研究会の成果は特筆に値する。

> ①長野県の篠ノ井東小学校による「基礎学力を保証する授業研究会」(阿部惣一校長：当時)
> ②新潟県の中野山小学校(大森修校長：当時)による「『軽度発達障がいに対応した授業技量を問う』研究会」
> ③千葉県の高浜第一小(根本正雄校長：当時)による「基礎学力を保証する授業研究会」

(4) 発達障がいの子どもたちの自立までを見据えること

　現場で子どもたちと向き合っている教員にとって、ここに述べてきたような学力論争の見取り図を持っていることは重要である。
　そのうえで、今、何が大切なのか。それを、目の前の子どもたちの事実をもとに考えることが必要だ。
　基礎学力について、どうしても考えなければならないのは、発達障がいの子どもたちの自立の問題である。
　発達障がいの子どもたちの、数千を超える症例を見てきた医師たちは、どのような考え方にたどり着いているのか。
　二つだけ述べる。

> ①将来的に自立させるためには、小学校4年生までの読・書・算をすべての子どもたちに保証することが必要である。
> ②「はっきりと教える」「ほめる」「お手本を写す」などエラーレスラーニングで

指導し、「自己肯定感」をのばすようにすることが必要である。(「自分で考えなさい」と言って「教えない」のは残酷な場合がある。)

4 教師の統率力。五つの力が欠如している

教師の学級統率力として、現在問題になっていることをまとめると、次の五点である。

第一に問題なのは

発達障がいの子どもたちに対する理解と対応力の欠如

である。
一例を挙げよう。
勉強していない教師は算数の新出単元でも「まず自分で考えなさい」という。
教科書の答えを見ようとすると叱る。
「教えないで叱る」わけだ。
基本的な解き方を教えられていなければできるわけがない。
まして発達障がいの子どもたちである。
パニックになって当然である。
解き方の基本形をまず見せる。
なぞらせたり、ノートに写させたりする。
次にそれを少し変化させた練習問題をやらせ、できたらほめる。
つまり「教えてほめる」のである。

第二に問題なのは

集団を安定させる力の欠如

である。
これも勉強していなければ身につかない。
向山洋一氏の次の3冊を繰り返し読む。

> 『子どもを動かす法則』
> 『学級を組織する法則』
> 『いじめの構造を破壊せよ』（いずれも明治図書出版）

　その上で、自分のクラスで実践し、応用し、何度も修正し、また右の３冊にもどってみる。この繰り返しを経験していれば、数年である程度の安定した統率力を手に入れることができるだろう。

　第三に問題なのは、

> 知性的な授業力の欠如

である。
　よく読書をし、広い知識を持ち、子どもたちへの語り方や、話の組み立てを勉強し、サークルなどで幾度も授業を見てもらっている教師は、やはり子どもたちからも尊敬される。
　先生ってやっぱりいろんなことを知っているなあ、先生の授業はわかりやすいなあ、という感覚が一種の尊敬の念を生むのだ。

　第四に、

> システム構築力の欠如

である。
　ここでは割愛する。

　第五に問題なのは

> 教師のゆとり感の欠如

である。
　仕事が忙しいという意味ではない。

本当に忙しい人ほど、いいクラスを作っているものだ。
　ここでいう「ゆとり」とは、教師の持つ「大人のゆとり感」のようなニュアンスである。
　一番まずいのは、子どもが何かトラブルを起こすたびに、教師の方が「いっぱいいっぱい」になってしまうことだ。
　表情はひきつり、声は震え、トラブルを起こした子どもを叱り、クラス全体にまで長い説教をする。
　毎日毎日、対症療法的な対応に追われて必死になり、身も心もくたくたになってしまうのである。
　そんなことを百年続けていても、そのスパイラルから抜け出すことはできない。
　命もとられないし、首にもならないのだから、落ち着くことだ。
　落ち着いて正しい方向に努力を続けることだ。正しい方向とは「授業力を上げる方向」と「学級経営力を上げる方向」である。

5 「知的な授業」で学級を統率する

　学級を統率することの基本は「知的な授業」である。
　それを身につける早道は、プロの授業に学ぶことである。
　どんどん追試をし、マネをしながら身につけていくのだ。

(1) 著作を繰り返し読むこと

　向山氏の実践を学ぶのであれば、まず向山氏の著作を繰り返し繰り返し読むことだ。126ページで挙げた三冊は、それぞれを10回以上読んで欲しい。
　私の文章やセミナー等で言われていることの意味が分かるのは、そうした勉強を通ってきた人だけである。
　第二レベルは次の三冊。

④『向山流・子どもとのつきあい方』
⑤『荒れたクラスと教師の統率力』
⑥『年齢別実践記録集』に所収の向山氏の学級通信（いずれも明治図書出版）

上に挙げた文章を読み込み、書かれていることを自分のクラスで実践し、そしてまた文章に戻る。それが学級統率力をつける最も近道である。

（2）中心的な努力をどこに置くか

その上で、最も中心的な努力をどこに置くか考えてみよう。学級集団を形成していく上での「向山の法則」を向山氏自身が書いている。全部で六つある。

---
1 子どもの中にある差別の構造を破壊する。
2 授業の場面で「多数決が正しいとは限らない」という場面をつくりだす。
3 子どもたちの組織をつくる。
4 授業を知性的にする。
5 イベントをしかける。
6 教師が許せないことは学級全体を相手に対決する。

それぞれに大きなテーマであり、いずれも重要である。向山氏の学級通信にはこの六つの場面が必ず出てくる。どの年の学級通信にもである。
　当然、担任である向山氏が意図的に仕掛けているからだ。
　この六つを次のように分類する。

〈組織する〉
1 子どもたちの組織をつくる。
2 イベントをしかける。

この二つは学級を組織するための法則である。まず「やらねばならぬこと」と「やりたいこと」とに分ける。次に「何をするか」「いつするか」を明確にする。それを「確認」し「評価」する。その上で「大きなイベント」に向かわせるのである。

〈統率する〉
3 子どもの中にある差別の構造を破壊する。
4 教師が許せないことは学級全体を相手に対決する。

この二つが教師が子どもたちを統率するための法則である。まずクラスの中で最も嫌われ、最もいやがられている子に教師が味方する。したがって、クラスの中で優秀

でみんなに人気のある子たちを教師が批判することになる。
　そのような場面を向山氏の学級通信の描写から学ぶことだ。
　それを通った上で、クラスが育ち、二学期に入り「いいクラスになった」と思えるところで、「学級全体を相手に対決する」場面を仕組むのである。
　もう一歩上の峰に挑ませるのだ。

（3）最重要なのは知的な授業

　ここまで述べたことの「前提条件」となるのが、「知的な授業」である。

> 〈知的な授業〉
> 5　授業を知性的にする。
> 6　授業の場面で「多数決が正しいとは限らない」という場面をつくりだす。

　これは学校教育そのものの前提である。
　向山氏は次のように言う。

> （知的な授業が）うまくできれば、その他のことは、すべてうまくいく

　逆に知的な授業ができない教師は、どんなに統率法を勉強しようが、決してうまくいかない。知的な授業の実現。これこそが最も中心的に努力すべきことなのだ。
　向山氏の学級づくりの中核は「知的な授業」である。
　向山氏の学級通信を４月の最初から読んでいけば、そのことがよくわかる。
　『スナイパー』を例にとろう。
　始業式の日にした授業は次である。

> ①ゼロの意味
> ②山川の読み

　二日目の授業は次である。

> ①自分の名前を漢字で３回書く
> ②交換の法則（4m×2）

三日目。

①指名なし音読
②1から10までの数で集合を考える。
③○進数と数の発生

その後、「跳び箱」の授業が実施されて全員が跳べる事実がつくられる。
詩の解釈で逆転現象が起きる。風の音が聞こえるほど集中した授業場面である。
一文字の解釈にこだわる授業。
算数で優秀な子たちが立たされ、問題児だった子が正答を言う場面。
一番勉強のできない子が漢字テストで100点をとり、それまで優秀だった子が80点で最低点になる場面。
そうした授業場面が、怒涛のように描写されている。
それらが学級づくりと教師の統率力に与える意味を、もっと考えなければならない。

6 知識の力、組立の力、対応の力。この三つが授業での統率力の根本

学びを支える教師の統率力には3つある。

1　知識の力
2　組立の力
3　対応の力

（1）知識の力

向山学級では、かつて、次のような宿題が出されたことがある。

① 4321（五）＝4×□＋3×□＋2×□＋1
② 54321（六）＝5×□＋4×□＋3×□＋2×□＋1

これは「五進数」「六進数」の問題である。これを、子どもたちはちゃんと解いている。また、別の時には、次のような問題も出されている。

191 ＝□×7×7＋□×7＋□

　これは「七進数」の問題である。
　当然、向山氏はこうした内容を授業していた。その応用問題として出題しているのである。
　その授業をしたのは学級が始まったばかりの４月である。十進数を教える場面から向山氏は授業を始めた。
　1976 を 10 倍にすると 19760 になり、10 分の 1 にすると 197.6 になるというようなことを教えるわけだ。
　その授業で向山氏が扱ったのは、次のような内容である。

①二進数、三進数。
②数の発生。
③０、１、２、３とⅠ、Ⅱ、Ⅲと、一、二、三の違い。とりわけ、100 と百の根本的な違い。
④０の意味。
⑤コンピューターと二進数。
⑥ムレー諸島の原住民と二進数。
⑦古代ローマと五進数。
⑧古代バビロニアと六十進数。

　このような多彩で奥の深い内容を扱うのに、かけた時間は１時間である。
　「数の発生」はおおまかに四つくらいの段階がある。
　０の意味は少なくとも三つ以上はある。
　子どもたちは活発に発言しただろう。
　向山氏の語りに聞き入っただろう。
　子どもたちの学びを支える教師の統率力。
　その根本は、このような教師の「知識の力」なのだ。
　教師は、教えることにおいてプロである。
　何を教えるかというと、人類が 2000 年かけて築き上げ、到達した知識を教えるのだ。
　その専門家が、専門家として尊敬されるための、唯一の条件は、圧倒的な知の力なのである。

教師は知識の量と質において専門家であろうとしなければならない。
様々なジャンルの本に触れ、自分の知識を日々豊かにしていくことは、当然の努力である。

（2）組立の力

向山氏は前述の①〜⑧の知識を、そのまま並べたのではない。
意図的に組み立てて授業を展開した。
以下、私の推定ではあるが、おおまかにトレースしてみよう。
まず、十進数では十ずつ上に繰り上がることを普通に教えた。
これは機械的にできることだ。
早くできる子は得意になる。
そこで、向山氏は「空位の0」を丁寧に教えた。
漢字の二百八と数字の208を比較する。
数字には、百、万、億等、位をあらわす文字がいらない。そのかわりに空位をあらわす0という字が必要になる。
さらに漢数字で二百八×三百二十九などをやらせ、それが不可能であることを実感させた。二百八×三百二十九はできないが、208 × 329なら筆算でできる。
空位の0があるからだ。
その上で、二進数に移る。
「数がない時代、牛などの家畜の多少をどうして比べたか」
等の問題を助走として扱い、
「もしも、世の中に0と1という二つの数しかなかったら、5つ分をどう表すか」
等の問題を向山氏は出題した。
この場面、向山氏の学級通信には「二進数、三進数を笑いのうちに学びとっていった。」という記述もある。
おそらくは珍解答が続出したのだろう。
時には爆笑が起きるような展開になったに違いない。
そして、重要なことは、この時、
「早さだけを誇っていた子がまるでダメ。かえって算数ができないんだといっていた子ができてしまう。」
という逆転現象が生じたことである。
算数の苦手な子は、教えられた通りの「原理」に忠実にやろうとしたからだ。
つまり、

> 「二進数では数字は0と1の二つしかない」こと。
> 「2ごとにくりあがる」こと。
> 「空位は0で書く」こと。

これだけである。

十進法のやり方だけを覚えてスラスラ解いていた子たちがつまづき、さっきまで遅かった子が正解を書くのである。

教材研究した知識を単に並べるのが授業ではない。子どもたちが熱中し、様々なドラマが生じるように、意図的に組み立て、布石を打っていけるのが、学びを支える教師の統率力なのだ。

(3) 対応の力

授業ではしばしば「不規則発言」が生じる。教師が予想していなかった子どもたちの発言に対しては、その場で対応しなければならない。

力のある教師は、子どもたちの不規則発言への対応が巧みである。間違った発言をした子が逆にヒーローになってしまうような場面を、その場でつくり出せるのだ。

この具体例については、また別の機会に述べたい。

7 学習習慣の確立が子どもを伸ばす

(1) 宿題は学習習慣をつくるため

大量の宿題を出すことには賛成できない。

しかし、学習習慣をつくるための宿題なら意味がある。

学習習慣というよりも「一定時間、机に向かう習慣」と言ったほうがいい。

一定時間机に向かっていることが日常的になっている子どもは伸びる。

とりわけ中高の受験の頃に力を発揮する傾向がある。

これは多くの先生方の経験則である。

教師は、宿題を出すにあたって、そのことを子どもや保護者に趣旨説明することが大切である。

この場合、宿題を完成することは、主目的ではない。

あくまでも「机に向かう習慣」をつけることが重要なのだ。

時間の目安は「学年×10分」くらい。

宿題は完成してもしなくてもいい。

どうしても気分が乗らないときには、絵を描かせたり本を読ませたりしてもいい。漫画でもいい。

子どもには「机に向かって脳を使う」ことが重要であることを教え、机に向かったことそのものをほめるようにしなければならない。

(2) 記憶のしくみを教える

何かを覚えても、その半分は4時間以内に脳から消えてなくなる。

したがって学校から帰宅後、すぐにその日の復習をすると記憶の定着はよくなる。

私の宿題はそのパターンが多かった。

たとえば次のようなものである。

---

①その日にやった計算スキルのページで、間違ったものをもう一度ノートに書いてきなさい。

②その日にテストした漢字で、間違ったものだけを練習してきなさい。

その際、「記憶は4時間以内に半分消える」という脳のしくみを、必ず子どもたちに伝えなければいけない。

さらに「1ヶ月後」に同じ勉強をすると記憶はより強くなる。それより多く勉強してもあまり意味はない。

これは東大の池谷裕二先生が本に書かれていることだ。

学習習慣のできている子、毎日机に向かうことが習慣になっている子は、このような記憶のしくみにかなった勉強をしやすいことになる。

(3) 日内リズムを安定させる

人間は生物だから、昼と夜の規則正しいリズムが体の働きをよくする。

決まった時間に寝て、早起きをし、朝食をとることが脳内ホルモンの分泌もよくする。「机に向かう習慣」をつくるということは、理想的な日内リズムをつくるためのきっかけにもなる。

学習習慣の確立が大切な理由を述べた。

8 「局面の限定」の原理を学び、使いこなせ

(1) 局面の限定を知って授業は激変する

　知的な授業。
　それを組み立てるためにはいくつかの原則がある。
　そのうち、もっとも効果が高いと思えるのが「局面の限定」である。
　この原則を知ってから、私の授業は激変した。
　授業における「局面の限定」の概念を言ったのは向山洋一氏である。

> 子どもにやる気をおこさせ、子どもの力を引き出すために、まずやることがある。
> これぞ、子どもの力をひき出す授業の、あるいは指導の、秘訣である。それは、わずか5文字の文字で表現できる。
>
> 　　　局面の限定
>
> 子どもの力をひき出したかったら、まず、局面を限定するのである。(『教育トークライン』No.50)

(2) 『平和のとりでを築く』での例

　先日、ある県の小学校で飛び込み授業をした。
　6年生の教材「平和のとりでを築く」である。
　私が授業をしたのはその教材の最初の6行だけだった。局面を限定したのである。
　まず音読である。
　教師の後について読ませる。先生と交代で読ませる。隣どうしで読ませるなど、様々な形で音読をさせた。
　たった6行だからこそ、子どもたちの音読はみるみるうちに上手になるのだ。
　さらに、限定する。

> 「今日」とあります。
> これは「きょう」と読むのですか。
> 「こんにち」と読むのですか。

> どちらが正しいですか？

　子どもたちは真剣に考えた。
「言いやすいし、よく使っているから『きょう』だと思います。」
「なんとなくかっこいいし、この文章にふさわしいから『こんにち』だと思います。」
などの意見が出た。
　発達障がいの子も活発に発言した。
　どの意見もユニークで面白い。
　初対面の教師の飛び込み授業で、このような意見が言えるのだ。
　担任の先生の普段からの確かな指導があってこそだろう。
　そこでもう一歩詰めた。

> 「きょう」
> 「こんにち」
> どちらが音読みで、どちらが訓読みですか。

　なんと、ほとんど全員の子が「『きょう』が音読み」で「『こんにち』が訓読み」と答えたのである。
　一人の子が反論した。簡単に言うと、
「『いま』という読み方と『ひ』という読み方があるから、『こんにち』が音読みだ」
というものである。
　この意見で子どもたちは混乱した。
　しかし、教師には知的なムードが漂った。

> 「きょう」というのは、昔の日本語では違う書き方がありました。

「けふ」を教えた。
知っている子がいたのですごくほめた。
「いろはうた」「百人一首」に出てくる「けふ」を取り上げた。
つまり「きょう」はもともと和語である。
こちらが訓読みだ。
「今日」を「きょう」と読んでも「こんにち」と読んでもいい。
ただし『平和のとりでを築く』のような説明的な文章では、音読みの「こんにち」

と読む方が多いことを教えた。
　したがって同じ段落の次に出てくる「年月」も、「としつき」より「ねんげつ」の読み方が良いかもしれないことにも触れた。
　たった「今日」という二文字である。
　「局面を限定」することで、子どもたちは熱中した。
　知的に思考した。
　そして、活発に発言したのである。
　そのクラスには特別支援学級に在籍する児童が二人いた。
　その二人が、授業後にすぐ私のところにきてお礼を言ってくれた。
　「勉強の仕方がよくわかりました。先生、ありがとうございました。」
　何をどうすればいいのかが、わかりやすかったのだろう。
　また、この授業はその県の知事も参観していた。
　次の感想を書いてくださった。
　「授業をされた谷先生の生徒への対応は流石。教えて、ほめる。重要です。」

（３）向山氏の音読の授業

　同じ音読でも、向山氏は次のように局面を限定する。

次のセリフを、３通りの異なる表現で言いなさい。
「サヨウナラ。」

　向山氏はこれだけで一時間授業するのである。
　向山氏の授業は「局面の限定」の宝庫である。
　思いつくままに挙げてみよう。

---

① 「文を長く書く指導」で、向山氏は「先生が手をパンと打ってから、またパンと打つまでの動作」を作文に書かせる。「パン」から「パン」までの時間は「１秒」である。たった１秒の間の出来事で、子どもたちは何百字も作文を書く。
② 「赤白あいさつ」では一番最後の台詞に絞って評定する。子どもたちの言い方はみるみるうちに変化する。
③ 「一枚の写真」に資料を限定する。たった一枚の写真で、何百もの意見が出てくる。
④ 「阿波踊り」では「足のリズム」だけを評定する。

> ⑤ハードルの指導では「一台のハードル」を用意して跳ばせ、「一つだけ教える」ことから始める。
> ⑥算数のノートチェックで「三問目だけ」に○をつける。

　等々、他にもたくさんある。
　TOSSの授業技量検定では「時間を限定」する。５分なら５分の枠の中で授業を完結させるのである。
　サークルで授業演習するときには、教材の範囲を限定する。
　その文章に書かれていることだけで授業を組み立てるのである。
　限定された条件の中で考えることが、発問や指示をシャープにするのだ。
　むろん「全文を対象」とした授業や全単元を組み立てた「圧巻指導案」も向山氏にはある。
　それはまた別の次元の話である。
　「局面の限定」を使いこなすことと、そのような大きな授業を組み立てることとは、どちらも重要なのだ。

（４）「局面の限定」はあらゆるプロの基本

　「局面の限定」はあらゆるプロフェッショナルの基本条件である。
　向山氏は書いている。

> 相撲の面白さは、土俵という限定された円にある。限定されているからこそ、力を思いきって出せるのである。

　向山氏が教育界に最初に提起した問題は「跳び箱を跳ばせるという技術がなぜ教師の世界の常識にならなかったのか」である。
　「跳び箱を跳ばせる技術」に限定して論じた。だからこそイメージが鮮明になり、その提案は跳び箱にとどまらず、すべての技術においても同様であることが伝わった。
　「どんなに狭い分野でもいい。そのことでは自分が絶対に日本一だと確信できたとき、他のすべてのこともつながって見えてくる」
　このように、かつて向山氏に教えられたことがある。これも「局面の限定」だ。
　あるお笑いタレントは著書の中で興味深いことを書いていた。

> 「知っていることしか喋っていない」

> 本当にそう。僕は知っていることしか喋っていない。
> でも、知っていることが一分野でも一箇所でも、人より深かったら、「何でも知っている」と人は勝手に思ってくれる。全体を知らなくてもいい。
> 細部を熱く語るというトリックです。(島田紳助著「自己プロデュース力」ワニブックス)

さすがに売れっ子のプロだと思う。
局面の限定。その原理は全く同じだ。

9 「全員を巻き込め」「問いに正対させよ」

104ページで紹介した「尖閣諸島」の授業。
その授業を例に挙げて、授業で子どもたちを巻き込んでいくということについて述べてみる。

(1) 全員を巻き込むとは

授業開始のできるだけ早い段階で「作業」をさせることだ。
「尖閣諸島」の領有を扱った授業である。

> 「尖閣諸島」
> 読んでみて

冒頭から声を出させた。
ある学校での飛び込み授業である。
6年生の子どもたちは、バラバラに「尖閣諸島」と声を出した。
これだけで、授業への子どもたちの「参加度」がみてとれる。
私は、ゆっくりと子どもたちの顔を見渡した。子どもたちに近づいた。とりわけ声を出していなかった子たちの方に身を乗り出した。そして、じっと視線を合わせながら、次のように言った。

> 声をそろえて読める?
> 無理?

もちろん顔はにこやかな笑顔である。
子どもたちは
「声をそろえてー？」
などザワザワとした雰囲気のままだ。
子どもたちのザワザワには反応せず、間をおかないで、また指示した。

「尖閣諸島」
さん、はい。

「尖閣諸島」
子どもたちは思わず声を出してしまう。
さっきより格段にそろっている。
間髪を入れずにほめる。

よっしゃ、うまい！

低学年なら、さらに声の出し方で手をいれるところだ。
しかし、荒れたクラスの６年生である。
しかも飛び込み授業だ。
ほめたらすぐに次の「作業指示」へ移る。

「尖閣諸島」
聞いたことある人？
聞いたことない人？

「はぁーい」となんともダレた雰囲気で子どもたちの手が挙がった。
「尖閣諸島」という言葉を「聞いたことがあるか」「聞いたことがないか」という、ごく簡単なことを尋ねているだけである。
このような、極めて簡単な作業指示では、「その指示に従わない」という自由を認めてはいけない。
それを認めると、他の場面でも子どもたちは教師の指示に従わなくなる。
ごく小さなことだが、このようなことから綻びが生じて、クラスは崩壊への道を辿るのだ。

私はすぐに聞いた。

> 今、手を挙げなかった人？

「はぁーい」と、これまた教師を少し小馬鹿にしたような態度で数名の手が挙がる。ここで、取り合ってはいけない。

> 「聞いたことあるか」
> 「聞いたことないか」
> どっちかです。
> 聞いたことある人？
> 聞いたことない人？
> 今、手を挙げなかった人？

ここまで、にこやかに軽快なテンポである。普通はこれで全員どちらかに手を挙げることが多いだろう。

しかし、この時は「手を挙げなかった人」に一人がサッと手を挙げて、笑いが起きた。まだ私に統率されていないのだ。

私は、その子どもに近づいて、ニコニコしながら、尋ねた。

> 太郎君。聞いたことある気がする？　ない気がする？

すると彼は、答えた。

> ある気もするし、ない気もする。

百名の教師が参加している公開の飛び込み授業で、一人だけ「聞いたことある気もするし、ない気もする」というのだ。

この後、みなさんなら、どのようにされるだろうか。

私は、楽しそうに「わかった」と言いながら教室の前に戻り、再度指示した。

> 「尖閣諸島」
> 聞いたことある人？

> 聞いたことない人？

そして太郎君を見つめながら、三つ目の選択肢をつけ加えたのである。

> 聞いたことあるような、ないような気がする人？

これで、太郎君は手を挙げざるを得ない。
彼が手を挙げて、なぜか教室は少しなごやかなムードになる。
もちろん、ここで終わってはいけない。
さらにもう一回詰める。

> 今、手を挙げなかった人？

これで「全員が手を挙げた」ことが確認されるようにしたわけである。
このようにして文章に書くと長い時間のように思えるが、実際にはここまで1分5秒しかたっていない。

（2）問いに正対させる

授業は次の段階に入る。
「尖閣諸島」の場所を予想させるのだ。
私は日本を北からA、B、Cの三つのエリアに分けた。
「尖閣諸島」がABCのどのエリアにあるかを予想させ、手を挙げさせた。
「予想」だから、正解・不正解は関係ない。さきほどと同じで、「手を挙げない」という自由を認めてはいけない。

> 「尖閣諸島」ですが、場所はどこか。
>   Aに近い？　Bに近い？　Cに近い？
>   絶対に三つのうちのどれかに手を挙げるんだぞ。

こう言って、手を挙げさせたが、やはり手を挙げない子がいる。
ずっと荒れて崩壊同様の状態だった6年生である。簡単ではない。
私は、きっぱりと「全員起立」と命じ、全員を立たせた。
念のため付け加えると、たとえこのような場合でも「笑顔」のにこやかなムードは

崩していない。

> あてずっぽうですから、合っているか違っているかは、関係ありません。
> 予想するだけです。
> Aに近いんじゃないかなと思う人着席。
> Bに近いんじゃないかなと思う人着席。
> Cに近いんじゃないかなと思う人着席。

ところがである。
三人が座らない。立ったままである。
私はもう一度だけ言った。

> AかBかCかどれかだよ。
> あてずっぽうだから。

すると、最初の子はこう答えた。

> Dです。

そして座ろうとした。
次の子はこう答えた。

> Zです。

そして、三人目の子。

> 島根です。

再度言う。
　百名以上の教師が、広い特別教室の周りをすり鉢状に取り囲んで参観している環境である。
　その公開授業の中で、飛び込み授業をしにきた教師が「AかBかCか」と問うているのに対し、「Dです」「Zです」「島根です」と答えているのである。

教師の問いに全く正対していない。それも意図的にである。
これは、相当な強者だ。
みなさんなら、この後、どのように対応するのだろうか。もし対応を間違えると、ここでクラッシュし、知的な授業どころか、それ以前に崩壊するだろう。
ぜひ、考えていただきたい。

10 飛び込み授業の導入で子どもたちを変化させた「その場での対応方法」とは

再度書く。
百名以上の教師が参観している公開授業である。
私は飛び込みで「尖閣諸島」の授業をしていた。

> 尖閣諸島の場所はどこだと思いますか。図の「A」「B」「C」の中から選びなさい。

この指示に対し、やんちゃ君たちはアドバルーンをあげた。
「Dです。」
「Zです。」
「島根です。」
教師の問いにきちんと答えるというムードを、意図的に破壊している。
授業の導入場面だ。
対応を間違えれば、ここで崩れる。

(1) 集団の教育力

知的な授業を組み立てるためには、大きく三つの条件がある。
第一に、授業で扱われている知識内容そのものが、知的で面白いこと。
第二に、子どもたちが熱中する「順序と組み合わせ」で、それらの知識を構成できること。
第三に、教師の統率力が高く、子どもたちにも教師に対する敬意があること。
知識の質、組み立て、そして統率力。この三つである。
とりわけ、第三の条件が崩れると授業そのものが成り立たなくなる。

知識を教えることだけが授業の目的ではない。授業は、学級経営の場でもある。
　もし私がこのクラスの担任だったなら、当然、毅然として対応する場面だ。対応の仕方はいくつもある。一例を示そう。
　「Dです。」
と子どもが言った時点で、授業を止め、次のように展開する。
　「今、なんと言ったのですか？　もう一度言ってごらんなさい。」
　少しやんちゃな子なら、平然と言うかも知れない。
　「Dと言いました。」
　ここですぐに叱ったりしてはいけない。
　その子を立たせておいたまま、穏やかに、ゆったりと、次のように「確認」する。
　「先生はABCの中から選びなさいと言ったのですね。」
　「そうですね。○○さん。」
とクラスの他の子に確かめる。
　「ABCの中から選びなさいと言ったのに、太郎君はDと答えました。そうですね。○○くん。」
　またクラスの他の子に確かめる。
　「でも、もしかしたら太郎君には何か理由があるのかも知れません。念のため聞いてみましょうね。」
　これをクラス全員に向かって言い、次に太郎君に向き直って、聞く。
　「先生はAかBかCかと聞いているのですが、あなたがわざわざDと答えたことには、何か大切な理由があるのですか？」
　太郎君が何と答えるかによって、この後の展開は異なる。
　いずれにしてもやや緊迫したムードが教室に漂うことになるだろう。
　太郎君が相当な強者で、もっともらしい理由を述べるような場合もあるかも知れない。その場合には、決してその理由に対応してはいけない。
　あくまでも「AかBかCかと聞いたのにDと答えた」という行為だけを取り上げ続けるのである。
　それは授業を受ける態度として正しいことなのかどうかを、クラスの子どもたち一人一人に聞いていくことになる。最終的には、柔らかく穏やかな口調で、しかし毅然とした態度で、次のように告げる。

> 先生が指示した通りの答え方で答えるようにしなさい。

（２）その場での対応

　担任は、クラスの子どもたちと長いスパンでつきあうことになる。
　綻びを見逃さず、今述べたように毅然として指導する場面も大切だ。
　できれば４月、５月の最初の時期にこのような場面を通過しておきたいところだ。
　しかし、今は飛び込み授業である。
　このクラスの子どもたちとは、この一時間が一期一会である。明日はない。
　ここに書いたような方法で、その子たちを詰めていけば、予定していた授業はそれで終わりだ。
　この授業を参観していた向山洋一氏に、授業後、この場面のことを話した。
　向山氏も「詰められないね。」と言った。
　それでは、どうするのか。

　結論から言うと、私は「軽くスルー」することにした。
　考えたわけではなく、瞬時にそう対応したのである。
　「Ｄです。」
　そう太郎君が答えた瞬間、楽しそうに笑いながら、私は言った。
　「Ｄはありません。ＡかＢかＣか、どれかです。」
　そして、視線を次郎君に移した。次郎君は言った。
　「Ｚです。」
　すぐに、私は言った。
　「それも、ありません。」
　すると太郎君が横でつぶやいた。
　「じゃあ、俺、Ｂにしよう。」
　私は太郎君を見て「Ｂにしよう。」と復唱し、「はい」と言って次郎君を見た。
　次郎君。「Ｃ」
　私は「Ｃ」と復唱し、三郎君を見た。
　ここまでのポイントは何と言ってもそのスピード感である。
　太郎君が「Ｄです。」と言ってから、ここまで、実際の時間は10秒ほどなのだ。
　これを、のろのろとやっていくと、傷口が広がってしまう。スピーディーに展開することが大切だ。
　流れの中で、自然に、指示通りに答えてしまった、というような雰囲気である。
　そして、最後の三郎君だ。
　「じゃあ、俺、うーん、じゃ島根で。」

と答えた。

これを認めてはいけない。

私は三郎君に近づき、身を乗り出すようにしてまっすぐに彼の目をみつめながら、たたみかけた。

「島根ということは、ABCのどれなのですか。」

三郎君はちょっと考えた後、答えた。

「Cにしとくわ。」

私はにっこり笑って言った。

「島根ならBだろう？」

ポイントはこの後である。

私は、教室の前にもどり、全員に向かってはっきりと言った。

> あのね。三郎君が島根と言ったのはとてもいい意見で、それは『竹島』というところが近いからです。
> Bは竹島問題。
> Aは北方領土問題。
> そして、Cが尖閣諸島問題ですね。

三郎君が、おそらくは何気なく言った「島根」という答えを、この授業の骨格の部分に結びつけて解説し、ほめたのである。

おそらく、この瞬間から、三郎君の授業に対する向かい方が変化したと思う。

彼はこの後、授業の中で繰り返し私にノートを見せにやってくるようになる。

間違った答えを書いて×をつけられても、再度挑戦してくるようにさえなるのである。

第一にスピーディーで自然な展開ができること。

第二に、「知的な意味付け」を瞬時に取り出し、子どもをほめること。

それがこの場面での大きなポイントだったと考えている。

この授業を参観されていた根本正雄先生が、分析をして下さった。

根本先生の分析から、この場面に関わる部分を紹介させていただく。

> 島根と答えた子どもに対しても妥協はしなかった。「島根と言うことは、ABCのどれですか？」と問い詰めた。教師はABCで聞いているのである。だから

ABCで答えないといけない。そして、「Cにしておくわ。」と言わせた。この指導は、島根と答えた子どもの指導とともに全体の子どもへの指導にもなっている。「先生は、きちんと学習していない子どもは許さない。聞かれたことにはきちんと正対しなければいけない」という学習規範を指導したのである。

学級の雰囲気が一変した。今までの私語やたるみがなくなり、緊張感に包まれたのである

見事な導入であった。荒れたクラスをどのように指導していったらよいかの指導として、大変勉強になった授業であった。

11 マイナス発言が続出するクラスで学習意欲の引き出し方

学習意欲を引き出すためには、第一に「ほめる」ことだ。
そのクラスでは授業の前から不規則発言が続いていた。
飛び込み授業のためにやってきた私に対して
「老けている！」
「先生104歳？」
などと言う。教師が嫌だと感じるであろう言葉のオンパレードだ。
それが私にはかわいく見えてたまらない。全部受け止めて「そうか、そうか。」と笑う。
気にならないのだ。そういった場面で叱るとか注意するとかいう発想がない。
この場面を現場で見ていた先生の文章を紹介しよう。

自分なら気になってしまう。しかし谷先生は叱らない。注意することすらしない。最初、かなりザワザワ、いやガヤガヤしていたクラスが授業の中心部になるとシーンとし、静かに熱中している状態になった。これが何度も注意してなった状態なら驚かないが、「静かにしなさい」などの注意一言すらなかった。結局45分間、叱ることはもちろん、注意も一切なく、熱中した授業だった。びっくりした。

授業後、「谷先生、一度の注意もなかったですね！」と話すと、谷先生は「注意しなきゃいけない所があった？」と言った。

別の授業では、感想に「子ども目線な先生だった」「ほめて伸ばすみたいな性格の人だった」と書いていた子もいた。
　第二に指示の仕方と発問の質である。
　同じ先生の感想にはこう書かれていた。

> 明確な指示をし、確認することで全体を巻き込み動かしていく。もちろんそこには知的な発問・語りがある。
> さらに授業中に何度も何度も大笑いになるような、ユーモア・やんちゃっぷりがある。

　指示は明確に。そして指示したことはちゃんと通す。それもにこやかに、楽しく、スピード感のある中でやるのだ。
　そして第三に内容そのものの知的な面白さである。
　別のクラスで授業したときの子どもたちは次のような感想を書いた。

> 授業は引きこまれるような興味深い内容でした。わかりやすく面白かったので夢中になって聞きました。その中で谷先生は今までの先生よりも強く意見を求めていたところが印象的でした。

　なぜ、こうなるのか。
　つまり、ポイントは次の六つだ。

> ①知的な発問と、
> ②明確な指示を、
> ③心地よいスピード感の中で展開し、
> ④大切なことを端的に教え、
> ⑤子どもの活動を的確にみて、
> ⑥ほめてほめてほめまくる。

12 授業の中での「対話」を核にした子どもの「心」へのアプローチ

「心の育て方」などというものはない。

心を育てるのに How to はない。

子どもたちの心が豊かに育ってほしいと願って教室での生活をするけれども、しかし、育ったかどうかは証明できない。

それでいいのである。

そのことを前提として確認した上で、「対話」の場面を切り取ってみる。

教室で子どもたちと対話するのは大きく次の三つ。

> 1 授業
> 2 休み時間
> 3 その他

（1）授業の中での対話

このうち、最も重要なのは授業の中での対話である。

これが量的に最も多い。

子どもを変化させる可能性も最も高い。

TOSS授業技量検定では「子どもへの対応、応答」と表現している。

次のようなポイントがある。

> ①教師の意図的・計画的な発問・指示が起点となる。

授業なのだから当然である。

無作為に開始された対話であるはずがない。教師が意図的・計画的に発問・指示をする。

それに対して子どもたちが何らかの反応をする。

そこから授業の中での対話が開始される。

したがって、授業での第一発問は極めて重要である。

> ②子どもから、教師にとって予想外の反応がある。

意図的・計画的な発問・指示であるから、教師は通常、子どもたちの反応を予想している。
しかし、必ず予想外の反応が出る。
だからこそ面白い。

> ③教師はその場で何らかの対応をする。

子どもたちの予想外の反応に対して、教師は何らかの対応をしなければならない。

> ④対応の仕方には数十種類ある。

子どもの予想外の反応に対して、すべて「対話」するだけが対応ではない。
目線を送る。ジェスチャーだけで対応する。表情を変化させてみせる。子どもの言葉を繰り返す。短い言葉で対応する。
このような、数十種類の対応が、その場でできなければならない。

> ⑤その対応が子どもにとって「受容的」であること。

いずれにせよ、授業の中での教師の対応は子どもにとって「受けいれてもらえた」と思えるものがいい。
時には「そのようなことを言うものではありません」などと厳しい対応をすることもある。
しかし、それはあくまでも子どもとの信頼関係が前提にあっての上だ。

> ⑥ほめ言葉だけで数百言える。

授業中の対応で最もよいのは「相手をほめる言葉」である。六百種類の言葉でワインを表現するソムリエのように、教師もほめ言葉だけで数百の言葉を持っているようでありたい。

(2) 休み時間の対話

次に、休み時間での子どもとの対話の場面である。

次のようなポイントがある。

| ①それは雑談ではない。 |

　教師が学校で行う行為には、朝から放課後まで、一つ一つ、すべてに意味があるのだ。

| ②子どもの言葉、行為を取り上げてほめる。 |

　その中心はやはり「ほめる」ことである。
　本人と対話しながら、本人をほめるのは当然だが、その兄弟をほめたり、その家族をほめたりするとよい。

| ③驚き、感心しながら聞いてやる。 |

　休み時間に教師と対話しにくる子どもは、要するに「聞いてほしい」のである。
　その時に大切なことは、心からびっくりできる教師の感性だ。
　子どもが話してくれた内容について、驚き、感心し、頷きながら聞いてくれる先生なら、子どもたちはどんどん話をしにくるだろう。

　その他に、私は給食の時間や掃除の時間、あるいは係活動や委員会活動の時間などに、「ビデオカメラ」を持ってぶらぶらすることがよくあった。
　私がナレーションを入れながら子どもたちの様子を撮影するのである。
　その際、カメラを向けながら子どもたちにインタビューを試みる。
　この「対話」は実に面白かった。
　保護者会等でその映像を流すと、保護者にも喜ばれ、保護者会の話題も活発になった。

第6章

学級の荒れを克服するために これだけは知っておきたいこと

1 子どもの名前を覚えることの意味と深さを再度確認しよう

向山氏は「子どもの名前は心をつかむ把手(とって)」だという。
学級の荒れを克服する第一は、子どもの名前を覚えること。
「もう覚えている」
と言うかもしれない。
「そんなことわかっている」
と言うかもしれない。
しかし、その奥の深さまでわかっている人は少ないと思う。
基本からおさらいしておく。

（1）完全に覚える

名前は、子どもたちに出会う前に、完全に覚えること。
出席順にスラスラと暗唱できなければ、覚えたことにならない。
初日には、顔と名前を完全に一致させる。
「出会いの記念写真」をとってその日のうちに、完全に一致させること。
二日目からは「名前を呼んでほめる」こと。
先生と出会って三日間のうちに、必ず全員が、名前を呼ばれ、具体的にほめられなければならない。
放課後、名簿を用意して、その日に名前を呼んでほめた子を必ずチェックすること。
ここまでが基本だ。
この程度ができていなければ、学級の荒れを克服するなど、到底できない。

（2）兄弟・姉妹も覚える

学級の子に兄弟や姉妹がいたら、その子たちも全部覚える。
数週間かかっていい。
顔と名前を一致させ、廊下で出会ったら、
「隼人君のお姉ちゃんだね」
と声をかけることができるようにする。
この威力は抜群である。
廊下ですれ違いながら、その子の名前を呼ぶ。

「美咲さん。おはよう！
あ、そういえばね、最近隼人君ね、がんばってるよー。
暗唱がすごかったんだよ。」
このように、お姉ちゃんの前でクラスの子をほめるのだ。
お姉ちゃんは家に帰ったら、そのことを、必ずお家(うち)の人や隼人君に言ってくれる。
自分がいないところで、先生がほめてくれたという情報は、隼人君にとって、とても嬉しいものだ。
1ヶ月くらいの間には、クラスの保護者の多くも覚えるようにする。
保護者会では
「お子様の席にご着席下さい」
と言って、わが子の机を点検してもらいながら、教師はお母さんの顔を覚えるのだ。
TTの先生に「保護者会の記録写真」を撮ってもらえるなら、さらにいい。後で写真を見ながら確認できる。
そして、行事等の時に話しかけ、子どものよいところについて伝えるのである。

(3) いないところでほめる

自分がいないところでほめられるのは大人でも嬉しいものだ。
休み時間などに、机の周りに子どもたちが集まってきたら、まず、その子たちをほめよう。
「紀美子さん、なわとび級表、すごく伸びたね。」
それから、関連させて、その場にいない子もほめよう。
「そういえば、由佳さんも伸びてるよね。紀美子さんとよく一緒に練習してるよね。」
この情報は必ず由佳さんに伝わる。
教師が教室で行う言動は、単なる雑談ではないのだ。
すべてに意味を持たせる意識が必要である。

2 学級をまとめるために有効な「ツール」を使いこなそう

教師は役に立つツールを数多く知り、使いこなせなければいけない。
最もおすすめできるのは「五色百人一首」だ。
そして、今は「ふれあい囲碁」もある。「ふれあい囲碁」を教室イベントの目玉に

取り入れることで、学級のまとまりが激変する（P38～を参照のこと）。

3 教師としての基本的な勉強
―ワーキングメモリのしくみ―

「ワーキングメモリ」のような基本的な概念については、教師はきちんと勉強しなければいけない。このことを知らないで指導すると教室はまたたくまに荒れ、子どもたちに反乱されるようになる。

（1）ワーキングメモリとは何か

　手を挙げたのに、指名するといつも言うことを忘れてしまう子ども。
　今指示したばかりなのに、すぐに「何やるの？」と質問する子ども。
　暗算が苦手で高学年でも指を使おうとする子ども。
　このような子どもたちの行動は「ワーキングメモリ」が原因である。ワーキングメモリとは、脳の記憶の働きである。
　主に二つのことをする。

> ①情報の一時的な「保持」
> ②情報の一時的な「処理」

　どちらも、その時にやりたいことに応じて「一時的に」働く。
　発達障がいの子どもたちはこのワーキングメモリの働きが弱い傾向がある。
　ワーキングメモリで保持し、処理できる情報の量が少ないと、冒頭のような問題が起きるのだ。
　そのことを知らないで対応を間違えれば、教室はまたたくまに騒乱状態になる。
　ワーキングメモリに入りきらずに忘れられた情報は、決してもとに戻すことはできない。
　思い出すことはできないのだ。
　思い出せるのは「長期記憶」に入っている記憶である。
　だから、「何やるの？」と聞く子には、もう一度初めから丁寧に教えるしかない。
　「もう言いません。」
　「先生が言ったことを思い出してごらん」

などというのは残酷なことだ。

ましてや「何度言ったら分かる。」のように叱っていたら、クラスのほとんどの子どもたちから反乱されるようになる。

1ヶ月もたたないうちに学級崩壊するだろう。

これは100％教師が悪い。

（2）ワーキングメモリに配慮した教師の対応

この子たちのワーキングメモリには「情報が一つしか入らない」と考えたらいい。

しかし、その一つの処理は正確にできる。

したがって、教師の対応は主に次の三つである。

---

①指示を区切って短く話す。
②一度にやらせる作業を一つずつにする。
③単純な表現を使う。

「教科書を開けなさい。」
「25ページです。」
「四角の五番を指で押さえなさい。」

このように指示すれば簡単にできるようになる。

指示は一つしか入らない。

三つ以上の指示をするなど問題外だ。

これが基本中の基本である。

その上で、教室では様々な応用問題が生じる。

たとえば34×6を暗算でやるなど最初は無理な話だ。3×6の答えを保持したまま4×6の情報を処理しなければならないからだ。当然、筆算で教えるべきだ。

足し算であれば「さくらんぼ計算」などのワーキングメモリを補助する方法を取り入れなければならない。

あるいは、教科書の図の余分なところを手で隠して情報の量を制限することも必要だ。文章の視写なら部分部分をブロックにして「チャンク化」する。

もともと能力はある子たちである。このような補助がなされていれば、スピードが早くてもついてこれる。むしろ早い方が心地よいのだ。

向山型算数が子どもたちに受け入れられるのは、このような点が配慮されているからである。

4 教師の基本的な対応力
―何を言っても受け入れてもらえる―

　教師が子どもたちをほめる言葉は何百通りも必要である。一人一人の子どもに全部違う言葉で、しかも真実の言葉で、ほめることができるのが基本だ。

(1) 想定外の子どもの答え

　あるクラスで飛び込み授業を頼まれた。5年生である。
　向山氏の「発酵」の授業の追試をすることにした。
　授業の冒頭。「狩猟・採集」のくらしから「牧畜・農耕」のくらしへと変化した大きなポイントを発問する場面。

食料を□□できるようになった。

　□の中に入る言葉を子どもたちに聞いた。正解はむろん「保存」である。
　すると一人の男の子が、「先生、□の中は漢字ですか。ひらがなですか。」と質問した。
　いい質問だとそれをほめ、漢字であることを教えた。
　その子は「じゃあ、わかった！」と言って答えを書くと、勇んでノートを持ってきた。
　クラス全員の中で一番だ。
　ところが、その子のノートには「ほうふ」とひらがなで書いてあったのである。
　この解答は、もちろん間違っている。答えが違うというだけではない。三重に間違っている。
　第一に正解じゃない。
　第二に「漢字」だと教えた直後にひらがなで書いてきた。
　第三に□は二つなのに三文字で書いてある。
　走るようにしてノートを持ってきたその子に、あなたなら何と言って声をかけるだろうか。
　飛び込み授業である。
　子どもたちとは初対面だ。
　きっと勉強の得意じゃない子なのだろうと思う。

（2）間違った子へのその場での対応

私は次のように言った。
「一番だ！　速いねー。」
「おぉー、なるほどっ。」
「漢字二文字だからね。だから、この言葉にしたんだね？」
「すごい。よくこんな難しい熟語を知っているね。さすがだな。びっくりした。」
「正解に近いよ。意味は関係がある。」

このようなことを、その子一人に対して矢継ぎ早に言ったのである。

それから、満面の笑顔でその子を見た。少し間をとった。

「でも、これじゃないんだよ。残念。」

当然、他の子どもたちはこのやり取りを聞いている。「自分もノートを持っていきたい」という感じになる。

その時の授業を参観していた先生の記録を紹介する。

その時の、子どもたちのノートを見たときの谷先生の言葉や仕草だ。
・「おぉー」と言ってノートをじっと見られる。
・子どもが持ってきたノートを見て、瞬時にノートをしっかり持って一歩下がる。
・ノートを見てすぐにその子の耳元に何か話しかける。
・「よく知ってるねこんな熟語。」というような言い方。
・「間違ってるけど、すごくおしい。」というような言い方。
　答えが違っていても、
　「自分の答えはいい線行っているんだ…」
　と思わずにはいられないような、絶妙な対応だった。

このような場面で30人の子どもがいたら、30通りのほめ言葉が、その場で瞬時に出てくること。それが対応の基本だ。

5 子どもたちのマイナス発言をプラスに転化する

百人一首が大嫌いなクラスでの飛び込み授業。ネガティブな発言に対してどのように対応し、クラスを巻き込んで行くのか。

授業開始5分前。子どもと雑談している場面。
「ゲーッ、百人一首？」
「きらーい‼」
　あるクラスで飛び込み授業をした。冒頭で「五色百人一首」を扱った。私が「五色百人一首」を取り出すと、上のような声が次々に出てきた。教室は重苦しいムードである。こんなとき、皆さんならどうするだろうか。
　私は、その声を聞いて、正直、楽しくてたまらなかった。
　ニコニコしながら子どもたちに聞いた。
「百人一首好きな人？」
　誰も手を挙げない。
「嫌いな人？」
　ほとんどの子どもが手を挙げた。このようにほぼ全員が「嫌い」に手を挙げるというのは、アドバルーンだ。クラス全体が、初めて出会った教師の反応を見ているのである。
　私は、もっともっと喜び、笑顔になって聞いた。
「そうか、みんな嫌いなのかー。嫌いって言っても、いろんなレベルがあるでしょ？」
　そういって、次の中から手を挙げさせた。

---

①ほんのちょっと嫌い
②普通に嫌い
③かなり嫌い
④大嫌い

　思った通り、ほぼ全員が④の大嫌いに手を挙げるのである。もう、面白くて面白くてたまらなかった。さらに、詰める。
「これだけ嫌いになったということは、当然何か理由があるでしょ。先生に、百人一首の嫌な思い出を教えて。」
　何人かに発表させた。
「負けるのが嫌」
「弱いから嫌」
「男子に手を叩かれたから嫌」

次々に出てくる。
なるほど、なるほどと、私はそれをニコニコしながら、楽しそうに聞いてあげた。

授業開始時間となった。
私は少し間をとり、ニコニコしたまま、平然として次のように言った。
「じゃ、みんなが大嫌いな百人一首をやります。」
もちろん「エェーッ」の大ブーイングだが、全く構わずに札を配布し、並べさせる。ここで「全員起立」と指示したが数名立たない。「全体起立と言いましたが、お隣の人で立っていない人はいませんか？」とにこやかに詰める。全員立ったら「並べ終わったら、座ってやりたい人は座りなさい。」と指示。全員が並べ終わる前に、最初の札を読み始める。
結局どうなったか。みんな一生懸命に百人一首をしたのである。その後の短歌の授業も盛り上がった。いわば、マイナス発言をそのまま受け入れて、プラスに転化したのである。

ポイントは次のことである。
第一に子どもたちのネガティブな発言を、決して頭ごなしに否定しなかった。無視もしなかった。むしろそれを教師が楽しむかのように対応した。
第二に一度発した指示は必ずやらせた。叱るのではなく、にこやかに確認しながら、淡々とさせた。
第三に、教師から発せられる指示のテンポはかなり速かった。
もちろん、こうした判断は瞬時のものである。一つ一つ考えていたら対応できない。

6 笑顔と穏やかな対応が大人のゆとり感を生む

練習しなければ決してできない。笑顔と穏やかな対応が「大人のゆとり感」を生む。教師の「ゆとり」を子どもたちは見ている。
教室に入ると、子どもたちがどっと駆け寄ってきた。それぞれが緊迫した口調で、口々に事態を告げる。
「先生！　大変だよ！」
「隼人くんが、隼人くんが、」

「早く！　先生！　早く！」

　私が職員室に降りていた間に、ただならない事態が生じたようなのだ。

　問題の隼人くんを私は目の端に入れた。隅の方の床に、一人で座っている。ぐるっと教室を見渡した。状況がほぼわかった。

　窓ガラス、壁、床などが、絵の具の赤で真っ赤に染まっている。子どもたちの机の一部も赤い絵の具が飛び散った状態になっている。服が赤くなっている子もいる。

「先生、隼人くんが！」

　興奮した子どもたちが事態を説明しようと次々に話しかけてくる。

　私は、話しかけてくる子どもたちを手で制した。私を囲んでいる子たち、一人ひとりと目を合わせながら、「にっこり」と笑った。子どもたちは、私の笑顔をみて、ちょっとポカンとした様子だ。笑顔のまま、私は、穏やかに子どもたちに言った。

「みんな、これから給食でしょう？　当番さん、いらっしゃい。準備をしようね。」

　赤い絵の具が散乱した教室と、隼人くんのことには微塵も触れず、当番の子たちを集めて私は給食の準備をさせた。

　準備が軌道にのった。私は当番を離れ、机からデジタルカメラを持ち出した。赤い絵の具で汚れている箇所を撮影した。

　気がついた隼人くんが近寄ってきて、赤い壁を隠すようにした。怒ったように、

「撮ったらだめ！」と言う。

　私は、ニッコリ笑って、

「『撮ったらだめ！』と言う隼人くん。」

と言いながら、隼人くんと壁の記念写真を撮るかのように、パシャッとシャッターを押した。隼人くんは、一瞬呆然としている。

　その後、雑巾をもって、絵の具の掃除を始めた。その間、終始、私は穏やかである。何人かの子たちが、黙って私の手伝いを始めた。

　その後の詳細は省く。結果、隼人くんは、このような「爆発」をする回数が激減した。

　この場面で大切なことは何か。

　第一に、私は終始「笑顔」だった。これを最初から怒っていたら、隼人くんは決して変化しなかっただろう。

　第二に、私は終始「穏やか」だった。もし、声を荒らげて叱責していたら、事態はもっと難しくなっただろう。

　第三に、クラス全体の流れを優先した。給食当番の動きが軌道に乗らなければ、その後の予定が全部遅れる。

第四に、隼人くんのやったことは「先生の手の内」だよ、ということを柔らかくアピールした。おろおろすることもなく、「大人のゆとり感」を持ちながら、落ち着いて収拾した。
　教師の笑顔は極めて重要である。笑顔は練習しなければ決してできない。人に接する仕事であれば、どのようなプロでも、笑顔の練習をしている。
　笑顔ができるようになって、はじめて穏やかな対応ができる。この二つはセットだ。
　教師の笑顔を、子どもたちは見ている。

7 「発問」と「作業指示」をセットにする

　発問と指示の言葉は、短ければ短いほどよい。分かっているようで分かっていないこのような基本原則の奥深さを理解し、何度も学ぶことが大切だ。

（1）授業の中での教師の「説明」は、少なければ少ないほどよい

　説明がゼロなら、それが一番いい授業である。学級の荒れを克服するには、それが最も効果的な授業である。
　授業とは、「発問」と「作業指示」で構成される。これが基本である。
　発問と指示の言葉は、短ければ短いほどよい。向山氏の場合は通常、10秒以内である。

> ①端的に、②語尾までハッキリと、③明るいトーンで、④リズミカルに言う。

　その言い方は文章では伝えにくい。TOSS授業技量検定のF表、E表、D表を受検して学ぶことだ。

（2）作業指示とセットにする

> この文を読んで、どう思いますか？

　教材文を示して、こう発問したとしよう。ひどい発問だ。子どもたちの多くは、何も考えないだろう。しかし、ここでは発問のひどさはとりあえず措こう。

> 思ったことを、一行で短くノートに書きなさい。

　ところが、このような「作業指示」を付け加えると、その瞬間に、ほとんどの子どもが考え始める。

> 書いたら、お隣どうしで言い合ってごらんなさい。

　このように指示すると、さらに考え始める。
　つまり、よほど優れた発問ならともかく、通常は、発問しただけでは、子どもたちはまるで思考しない。
　作業指示をした瞬間に考え始めるのである。

> ①指で押さえなさい。
> ②近くの人と相談しなさい。
> ③書けたら「書けました」と言いなさい。
> ④書けたら座りなさい。
> ⑤書けたら自分で読んでごらんなさい。
> ⑥お隣どうしで見せあいなさい。
> ⑦書けたら先生のところに持って来なさい。

　このような作業指示の種類を数多く（少なくとも数十種類）持っていて、それを直感的に使い分けられること。それは、教師が安定した授業をするための、ごくごく、初歩的な条件である。

(3) スピード感を身につける

　発問と作業指示がセットであることを使いこなせるようになったら、次はその「スピード感」である。
　子どもたちをひきつける教師の授業は、ある種の心地よいスピード感を例外なく持っている。
　心地よいスピード感であって、決して忙しい感じはしない。
　これに対して、授業の下手な教師の授業は、例外なく遅い。ゆったりとした感じではなく、のろのろとした感じなのだ。

これは次のようなポイントを使いこなしているからである。

①一つの活動を細分化している。
②それを小刻みに変化させている。
③前の活動と次の活動を微妙に重ねている。

8 教師の発言・指示の言葉は、明確な上にも明確に

　日本教育技術学会で模擬授業をした。
　子役の一人は向山洋一氏である。私は「視知覚認知」の授業をした。取り上げたいのは授業の内容のことではない。「教師の指示の明確さ」がどれほど重要かということである。
　授業の中で、私は次のように言った。

東京タワーの上からみると、

　その瞬間である。子役で授業を受けていた向山氏は次のように言った。

先生！　東京タワーの上ってどこですか。

　言われてみれば、その通りだ。「東京タワーの上からみる」という言葉には、複数のイメージがある。
　東京タワーの上空から見ている状態。東京タワーの一番上の避雷針から見ている状態……。
　子役の向山先生は、「避雷針のこと？」とつぶやいていた。
　私は、次のように応えた。

東京タワーの上の方です。

　これは、もっと悪い言い方である。
　「上の方」なら「東京タワーの上半分」かも知れないし、「東京タワーの足から上全

部」かも知れないし、「東京タワーの上の宇宙空間」かも知れない。
　もちろん、向山氏はすぐに反応した。

> 「上の方」ってどこですか。

　私は、ここでようやく次のように応えた。

> 東京タワーの上から二番目の展望台です。

　三回目の言い直しである。これでようやく子役の向山先生は納得してくれた。
　以上のことは、極めて重要な内容を含んでいる。
　第一に、発達障がいの子たちは「明確な指示」でなければイメージできないということである。
　「前の方に持ってきなさい」などというのも同じだ。「前の方」ってどこなんだと思うのである。わからないのだ。「教室の前の先生の机の上」とハッキリ言うことが重要である。
　発達障がいの子ども自身が書いた文章には、次のようにある。
　「必要な言葉を正確にきちんと言うことで、やっと分かるのに、わざわざ分からないようにしてしまっている。分からないから続けていると怒られる。なんで怒られたかがわからない。」
　この子の訴えと同じことを、私はやってしまっているわけだ。
　第二に、発達障がいの子と天才の子とは認知の傾向が似ているということである。
　発達障がいの子にわかりにくい指示は、天才の子も違和感を覚えるのである。
　天才の子は向山先生のように「質問」する。しかし発達障がいの子は自分が悪いと思い込む。
　原因は教師にあるのに、指示通り行動できないことで叱られる。自己肯定感が壊れていくのである。
　教師の発言は明確な上にも明確に。それが学級の荒れを克服する基本である。

9 個別評定をしながら
学習のルールや技能を教える

　大切なのは子どもをはげまし続けることだ。
　向山氏の指導から基本を学ぶこと。発達障がいの子に対する知識を身につけ、場に応じた対応をすること。
　算数の時間。向山氏は図形に色をぬらせるような場合がある。
　その際、

> はみ出さないように、薄くきれいにぬりなさい。
> 先生がABCで点数をつけてあげます。

のように指示する。
　できた子から持ってこさせ、個別評定をする。
　ぬらせる図形にもよるが、可能ならば、まず全体のごく一部を指定してぬらせる。
　次に合格した子から残りの部分をぬらせるようにするとよい。
　早くできた子の空白をつくらなくてすむ。
　評定は、通常は妥協しない。

> 微かにはみ出ているぞ。

> やり直していらっしゃい。

　これまで丁寧さを欠いていた子たちは、次々に不合格になる。
　最初は小さな部分で評定するから厳しくみることができる。
　やり直しを指示されてもダメージが少ない。
　これは非常に重要な場面だ。
　第一に丁寧さを教えている。
　第二に先生はどんどん不合格にするということを見せている。
　第三に「やり直し」をしなければならないということを教えている。
　色をぬらせる場面に限らず、このような基本的な学習のルールや技能を、ごく簡単

な場面で教えておくことが大切だ。
　以上は基本である。
　このことをわかった上で、しかし次のことも同時に重要だ。

> 子どもが持っている欠点を克服するよう絶えずはげまし続けること、「大丈夫だよ、がんばってみよう」「この前よりよくなったよ」といい続けること、それは教師の仕事の原則なのである。（向山洋一『授業の腕をあげる法則』）

　これをわかっていないと、冷たく不合格にすることになる。向山氏が評定をする場面をみて、温かさのイメージを持つことだ。

　ある学校で飛び込み授業をしたときに、私も子どもたちに色をぬらせる指示をした。
　そのクラスには発達障がいの子どもたちが非常に多く在籍していた。クラスの７割以上である。
　これは応用問題だ。
　発達障がいの子たちの中には「発達性協調運動障がい」を持っている子もいる。
　当然、色をぬるなど、指先の微細な動きが極端に苦手な場合があることを予想しておかなければならない。

> 面積図に色をぬったら持っていらっしゃい。

　と言った後、私は、次のように付け加えた。

> きれいにぬってほしいなぁ。
> （間）
> でも、ちょっとぐらいはみ出してもいいんだぞ。

　ちょっとのはみ出しはエラーではないと、全体に宣言したのである。
　そして、持ってきた子には全員に違う言葉かけをする。

> ・上手だね！
> ・きれいだね！
> ・O.K.

・とってもきれい！
・うつくしい！

子どもたちは、一生懸命に色をぬって持ってきた。

10 「子どもを活動させる場面」での基本技能

『授業の腕をあげる法則』『子どもを動かす法則』を、もう一度、いやあと十回読んで欲しい。基本的な原則がまずいと、何をやっても崩れる。

（1）教師の指示と子どもの活動はどのように組み立てるのか

教師の指示が長ければ長いほど子どもは動かない。
「教師の指示と子どもの活動」はどのように組み立てるのか。
次の三点が基本である。

1　教師の短い作業指示（通常 15 秒以内）
2　子どもの短い活動
3　教師の確認と評定

つまり短く言って、短くやらせ、持って来させて「○×」をつける。この繰り返しだ。
これが基本形である。
上手にするためには、次のことが必要だ。

---
①教える内容をできるだけ細分化する。

教えたい内容をどこまでスモールステップにするのか。あらかじめ計画はしておく。しかし、子どもの反応をみて、その場で変更できなければならない。

---
②一時間に一回は全員のノートに○をつける。

必ず全員のノートを見なければならない。そして必ず○をつけてやらなければならない。

> ③作業が遅い子の時間差を埋めるための手だてをとる。

このようなことは文字だけでは伝わらない。まず TOSS デーなどのセミナーで実演を見ることが必要であり、次にサークル等で実際に自分がやってみることが必要だ。

（2）子どもに長く活動させる場合の原則

しかし、どうしても子どもに長く活動させなければならない場面もあるだろう。
その場合には、少なくとも次の二つをハッキリさせる。

> 1　どこまでできたら教師のところに持っていくのか。
> 2　全部終わったら何をするのか。

「○番までできたら持ってきなさい」という場合もあろうし、「ノートに○行書いたら持ってきなさい」という場合もあろう。
　上の二点をハッキリさせ、教師がきちんと評定してやるなら、子どもたちの活動は集中する。
　その上で、次のことも大切である。

> ①質問には端的に答える。

曖昧に答えてはいけない。「それはやりません。」のようにきっぱりと言い切る。

> ②活動している途中で全体に関わることは言わない。（指示の修正・追加はしない。）

どうしても指示を追加する場合には、手に持っているものを置かせ、集中して聞かせなければならない。

> ③全員の進行状況を複数回確認する

「今、何番をやっていますか。手を挙げなさい」のように簡単に確認する。
　実習生の授業では当然だが、ベテランと思える教師の授業でも、このような基本的なことが抜けていることがある。当然、教室は混乱する。

11　授業技量を上達させる二つの方法

　授業技量を上達させる方法は二つ。

> 1　技術を身につける
> 2　技能を身につける

　技術を身につけるために必須の条件は、次の二つである。

> ①技術を学ぶための「フォーマット」を覚えること。
> ②それぞの技術の「ポイント」をつかむこと。

　フォーマットとは「発問と指示」である。「技術の伝え方」のルールが明確になる。ポイントとは、教材で子どもが熱中する芯を見抜くための「ものさし」だ。
　これらの勉強で初歩の段階を抜け出るためには、次の二つが必要だ。

> ①向山氏の本を10冊以上、各10回以上読む。
> ② TOSSのセミナーに年間10回以上、10年以上参加する。

　その気になって10年くらい必死に勉強すれば、独学でもある程度身につくだろう。しかし、「技能」は独学では無理だ。技能を身につけるために必須の条件は、次の二つである。

> ①緊張感のある場面での授業、または模擬授業を100回以上経験すること。
> ②自分より授業がうまい指導者にその場で指導され代案を示されること。

　「緊張感」のある場面とは、例えばたくさんの先生が見ている研究授業。あるいは

尊敬する先生が見ている前での模擬授業。いずれも自分より授業のうまい人がその場で「代案」を演じてくれる必要がある。

同じく初歩の段階を抜けるためには、次の二つが必要だ。

①「TOSS授業技量検定」で22級を突破すること。
②「TOSS授業技量検定」で自分がD表の審査をし、会場の誰もが納得する代案を示すこと。

これらの条件は簡単ではない。
前提として、100回を超えるサークル模擬授業等が必要だろう。
上達の法則は甘くない。しかし、きちんと法則に沿って努力すれば、必ず上達する。

TOSS授業技量検定公式HP
http://toss-license.or.tv/

付録
谷和樹が推薦する「向山実践」を学びたい人のための
初心者用「向山洋一著作リスト」

まずはここから　超おすすめの5冊
『授業の腕をあげる法則』
『子供を動かす法則』
『学級を組織する法則』
『いじめの構造を破壊せよ』
『続・授業の腕をあげる法則』

ここまでは基本　必読の5冊
『教師修業十年』
『国語の授業が楽しくなる』
『授業の腕をみがく』
『跳び箱は誰でも跳ばせられる』
『すぐれた授業への疑い』

次のステップへいくための5冊
『学級集団形成の法則と実践―学級通信アチャラ―』
『授業の知的組み立て方』
『向山学級騒動記』
『向山流・子どもとのつきあい方』
『教育技術入門』
（以上　すべて明治図書出版）

谷 和樹の本

最先端・社会科授業実践のコツとテクニックを大公開！

日本の国を愛し、誇りに思う子どもたちを育てるために、いま、日本では熱い「社会科教育」が最も求められている！
ＴＯＳＳ（教育技術法則化運動）のリーダーの新刊！

子どもを社会科好きにする授業

収録内容

- 第1章　社会科授業のここを点検しよう
　　　　保護者もみているポイント
- 第2章　子どもを社会科好きにする授業
　　　　4つのポイント
- 第3章　ノートを見れば授業がわかる
　　　　実物で紹介する
　　　　社会科におけるノート指導の典型例
- 第4章　資料と教材を使いこなし、
　　　　深く教材を研究する
　　　　プロ教師の技を身につけよう
- 第5章　社会科大好きな子供を育てる授業
　　　　そのまま授業にかけられるとっておきの具体例
- 第6章　最先端のICTを活用し、子供たちを熱中させ、
　　　　力をつける授業
- 第7章　日本を好きになる　日本を誇りに思う
　　　　観光・まちづくりの授業

学芸みらい社
GAKUGEI MIRAISHA

◎著者紹介

谷 和樹（たに かずき）

北海道札幌市生まれ。神戸大学教育学部初等教育学科卒業。兵庫県の加東市立東条西小、滝野東小、滝野南小、米田小等にて22年間勤務。そのあいだ、兵庫教育大学修士課程学校教育研究科にて、教科領域教育を専攻し修了。TOSS関西中央事務局を経て現在、玉川大学大学院准教授。日本の社会科教育のリーダーである。

みるみる子どもが変化する『プロ教師が使いこなす指導技術』

2012年 8月 1日　初版発行
2013年 9月 1日　初版第2刷発行
2014年 8月 1日　初版第3刷発行
2015年 8月25日　初版第4刷発行
2016年 9月 6日　初版第5刷発行
2017年11月 1日　初版第6刷発行

著　者　谷 和樹（たに かずき）
発行者　小島直人
発行所　株式会社 学芸みらい社
　　　　〒162-0833 東京都新宿区箪笥町31番 箪笥町SKビル3F
　　　　電話番号 03-5227-1266
　　　　http://www.gakugeimirai.jp/
　　　　E-mail：info@gakugeimirai.jp
印刷所・製本所　藤原印刷株式会社
ブックデザイン　荒木香樹

落丁・乱丁本は弊社宛お送りください。送料弊社負担でお取り替えいたします。
©Kazuki Tani 2012 Printed in Japan
ISBN978-4-905374-09-1 C3037